RÉPUBLIQUE FRANÇAISE
Liberté — Égalité — Fraternité

DÉPARTEMENT DE LA SEINE

DIRECTION DES AFFAIRES DÉPARTEMENTALES

ÉTAT DES COMMUNES

A LA FIN DU XIXe SIÈCLE

publié sous les auspices du Conseil Général

VILLEJUIF

NOTICE HISTORIQUE
ET
RENSEIGNEMENTS ADMINISTRATIFS

MONTÉVRAIN
IMPRIMERIE TYPOGRAPHIQUE DE L'ÉCOLE D'ALEMBERT

1901

VILLEJUIF

MONOGRAPHIES

En vente :

ÉPINAY
PIERREFITTE
STAINS
VILLETANEUSE
ORLY
DUGNY
ANTONY
LE BOURGET
THIAIS
RUNGIS
FRESNES
DRANCY
LE PLESSIS-PIQUET
VILLEMOMBLE
BONDY
GENNEVILLIERS
ROMAINVILLE
BOURG-LA-REINE
LA COURNEUVE
BOBIGNY

SCEAUX
BONNEUIL-SUR-MARNE
L'HAŸ
LES LILAS
ROSNY-SOUS-BOIS
NOISY-LE-SEC
AUBERVILLIERS
CHATENAY
L'ILE-SAINT-DENIS
BAGNEUX
CHEVILLY
PANTIN
CHATILLON
ARCUEIL-CACHAN
MALAKOFF
ALFORTVILLE
FONTENAY-AUX-ROSES
VANVES
VILLEJUIF

Sous presse :

BRY-SUR-MARNE
BAGNOLET

SAINT-OUEN
CHOISY-LE-ROI

En préparation :

SAINT-DENIS

CHARENTON-LE-PONT

RÉPUBLIQUE FRANÇAISE

Liberté — Égalité — Fraternité

DÉPARTEMENT DE LA SEINE

DIRECTION DES AFFAIRES DÉPARTEMENTALES

ÉTAT DES COMMUNES

A LA FIN DU XIXe SIÈCLE

publié sous les auspices du Conseil Général

VILLEJUIF

NOTICE HISTORIQUE
ET
RENSEIGNEMENTS ADMINISTRATIFS

MONTÉVRAIN

IMPRIMERIE TYPOGRAPHIQUE DE L'ÉCOLE D'ALEMBERT

1901

NOTICE HISTORIQUE

VILLEJUIF[1]

Anciennement, communauté de la Généralité et de l'Élection de Paris, paroisse du doyenné de Montlhéry.

De 1787 à 1790, municipalité du département de Corbeil et de l'arrondissement de Bourg-la Reine.

De 1789 à l'an IX, chef-lieu de canton du district de Bourg-la-Reine (supprimé par la Constitution de l'an III).

Depuis l'an IX, chef-lieu de canton de l'arrondissement de Sceaux.

1. Il n'existe pas en France d'autre localité portant le nom de Villejuif.

I. — FAITS HISTORIQUES

Le territoire de Villejuif occupe principalement le versant septentrional de la colline qui domine la rive droite de la Bièvre, et le sommet de cette colline jusqu'à l'entrée de la vaste plaine de Longboyau, où l'agglomération des maisons se termine brusquement. La route nationale n° 7, de Paris à Antibes, nommée plus habituellement dans la région route de Fontainebleau, traverse le bourg dans toute sa longueur et y forme la rue principale. Vers le milieu de cette rue se détache à droite une autre artère importante, la rue du Moutier qui conduit à l'église et à la mairie.

Bien que la commune du Kremlin-Bicêtre soit interposée entre Paris et Villejuif, ce dernier bourg paraît être devenu aujourd'hui un faubourg de la capitale, car depuis moins de cinquante ans la route de Fontainebleau est bordée d'une suite à peine interrompue de maisons, alors que, jadis, de vastes terrains en culture s'étendaient de chaque côté. En dépit de cette particularité, Villejuif a conservé son caractère agricole et paisible, et, malgré le progrès des temps, est plus silencieux peut-être maintenant qu'au temps où les diligences et les chaises de poste y avaient leur premier relais.

La richesse du sol y attira de bonne heure, dès l'époque gauloise, des cultivateurs ; on a constaté des vestiges d'habitations néolithiques au lieu dit les Hautes-Bruyères (Voy. le *Bulletin de la Société d'anthropologie de Paris*, 1899, 3e fascicule).

Lors de la conquête de la Gaule par César, ses habitants assistèrent au passage des armées romaines conduites par Labienus, qui, après la victoire qu'elles remportèrent près de Vitry sur les vaillantes troupes gauloises de Camulogène, reprirent par là la route de Sens. Ces faits ont été établis d'une façon décisive par une dissertation de Jules Quicherat insérée dans les *Mémoires de la Société des Antiquaires de France* (1852, pp. 384-432). L'émotion qu'ils produisirent fut assez forte pour que la tradition les ait perpétués et qu'on en trouve encore l'écho dans les chroniques du XIVe siècle.

D'où vient le nom de Villejuif ? On a beaucoup discouru là-dessus sans avoir atteint la certitude. L'abbé Lebeuf, le seul historien qui jusqu'ici se soit occupé des annales de Villejuif, signale des actes du XIIIe siècle où ce lieu est appelé *Villa Julittæ*, en raison de ce que sainte Julitte ou Julette et son fils saint Cyr étaient et sont restés patrons de l'église; puis, il insiste sur un passage de Flodoard, chroniqueur du Xe siècle, rapportant des miracles qui se seraient produits dans une église voisine de Paris, *ecclesia sancti Petri in villa quæ dicitur Gesedis;* aussi, voulant identifier cette *villa Gesedis* avec Villejuif, il est forcé d'imaginer que Villejuif, contre toute vraisemblance, aurait eu deux églises, une dédiée à saint Cyr et sainte Julitte, l'autre à saint Pierre. Au surplus, M. Longnon a démontré *(Bulletin de la Société de l'Histoire de Paris et de l'Ile-de-France*, 1,25) que *Villa Gesedis* doit être identifiée avec Juziers, localité de l'arrondissement de Mantes. Le même érudit estime que la seule étymologie plausible est celle qui est fournie par la forme *Villa Judæa*, terre possédée par des Juifs.

Cette forme, on la trouve d'ailleurs employée dès 1119, dans la bulle par laquelle Calixte II confirme les biens du monastère de Saint-Martin des Champs, et parmi eux: « *apud Villam Judeam, hospites, terram et censum* », à Villejuif, les hôtes, la propriété et le cens.

Le voisinage de Paris est la cause que beaucoup de maisons religieuses de la capitale possédèrent des biens à Villejuif, notamment les abbayes de Sainte-Geneviève et de Saint-Germain des Prés, le chapitre de la Cathédrale, celui de Saint-Marcel, Saint-Julien le Pauvre, les Mathurins, la commanderie de Saint-Jean de Latran et plus tard, comme nous le dirons, le séminaire de Saint-Nicolas du Chardonnet. Il ne faut pas oublier, non plus, le prieuré de Longpont, près de Montlhéry, qui, dès 1152, figure dans une bulle du pape Eugène III, comme possesseur de biens « *apud Villam Jude* ».

C'est vraisemblablement au XIIe siècle que se fonda la paroisse, dont les curés furent tous par la suite à la nomination de l'archevêché de Paris.

Dans une charte latine de novembre 1239, nous avons trouvé parmi les biens de Saint-Jean de Latran (Arch. nat., S. 5122, mentionnés les lieux dits *Canta lupa*, Chanteloup, et *Clausellum.* Il faut sans doute voir dans ce dernier nom le lieu actuellement dit le Champ clos, situé au Sud de la mairie.

Lebeuf et ceux qui l'ont copié racontent en citant Sauval un phénomène prodigieux qui se serait produit à Villejuif le 4 mai 1492. Cette date est erronée, et c'est 4 mai 1442 qu'il faut lire, ainsi que l'atteste le texte du *Journal d'un bourgeois de Paris,* chronique contemporaine du fait : « Item, celle sepmaine, le IVe jour [de mai 1442].....furent veues entre Villejuive et Paris plus de IIII^c corbeaux qui s'entrebastirent de becs, d'ongles et d'elles [ailes] si très fort que firent oncques gens en bataille mortelle, et en ladite place ils espandirent foison de leur sang, et faisoient si orribles cris que très grant paour et freour en avoient ceulx qui le virent et oïrent [1] ».

Personne n'ignore de quels combats,— ceux-là humains— fut ensanglantée la banlieue méridionale pendant les guerres de la Ligue et le siège mémorable que Henri IV fit subir à Paris. Les habitants des villages furent cruellement décimés, et ceux qui ne moururent pas au cours des batailles durent abandonner leurs toits et s'enfuir au loin. Nous en avons une preuve indirecte pour Villejuif. Les registres paroissiaux de baptêmes y remontent au mois de septembre 1593, ce qui, soit, dit en passant, est une date respectable et à laquelle peu de séries de ce genre remontent; or, pour les quatre derniers mois de l'année 1593, nous ne constatons que 4 baptêmes, soit, pour l'année entière, une moyenne de 12 naissances, tandis qu'en 1594, la paix s'étant rétablie à peu près complètement, le nombre des baptêmes est de 28; il fléchit à 24 en 1595, mais, en 1596 et en 1597, il monte à 38; plus près de nous, en prenant des années au hasard, on trouve 46 baptêmes en 1605, 56 en 1640, 63 en 1673, etc.

En 1638, un événement de quelque importance se produisit dans le bourg : la création d'un vicariat. Voici comment le fait est rapporté dans un ouvrage digne de foi, *la Vie de M. Bourdoise,* attribué à l'abbé Bouchard (1784, in-12, pp. 221-2): « Ce fut vers le temps que M. Robert, seigneur de Lahy, voulut avoir auprès de lui quelques prêtres de Saint-Nicolas [du Chardonnet, à Paris], pour lesquels il avait une estime toute particulière. Il leur offrit sa maison de Villejuifve où ils s'établirent pour desservir la paroisse; depuis, on y forma un séminaire dont la solitude augmenta la régularité et on perfectionna les exercices. Enfin, dès que la maison de Saint-Nicolas fut rebâtie, celle de Villejuifve reprit sa première

1. *Journal d'un bourgeois de Paris (1405-1449),* publié par M. A. Tuetey pour la Société de l'Histoire de Paris ; 1881, in-8, p. 366.

institution, et se consacra toute entière au service de la paroisse. »

Nous avons vainement cherché dans les registres paroissiaux, à cette date et aux années voisines, une mention quelconque relative à cette création ; leur laconisme s'interdisait rigoureusement l'inscription d'un fait qui ne fût pas un baptême, ou un mariage, ou une inhumation. Quant à la maison où fut installée cette communauté, elle est restée debout et nous aurons occasion d'en reparler, car c'est aujourd'hui le siège de la mairie et de la justice de paix.

La guerre de la Fronde attira l'attention des Parisiens sur le bourg. Voici, en effet, le titre de trois *mazarinades* où figurent le nom de Villejuif:

Le Passe-temps de Villejuif;

La Promenade des bourgeois de Paris au camp de Villejuif;

Les Soldats sortis de Villejuif sans congé.

Il ne faudrait pas croire, comme on l'a trop souvent dit, qu'il se soit agi là simplement d'un genre de pamphlets. En lisant les histoires du temps, et notamment les *Mémoires du cardinal de Retz* (Cf. t. II, pp. 217 et 317 de la Collection des grands écrivains), on trouve souvent le nom de « Villejuive » mêlé au récit d'escarmouches très sanglantes durant les mois de février et mars 1649.

A hauteur de la borne kilométrique n° 7, sur un talus assez escarpé bordant la route nationale du côté gauche en venant de Paris, on aperçoit une pyramide dépourvue de toute inscription. Il n'en est pas moins constant que c'est une des mires de la méridienne repérée par Cassini grâce à de savants travaux de triangulation, connus de tout le monde savant; la mensuration des des angles eut lieu pour Villejuif en 1756 (Voy. à la Bibl. nationale le ms. 5156 des nouv. acquisitions).

L'abbé Lebeuf cite quelques seigneurs de Villejuif: Raguier en 1483, Jean de Bragelonne en 1574, André Potier de Novion en 1638, Jacques Cottereau en 1640, Pinon, conseiller au Parlement en 1659. D'autre part, un volumineux mais peu intéressant inventaire des titres de la seigneurie de Villejuif, conservé à la Bibliothèque de la Ville de Paris (12.912, in-fol.), nous fournit les noms de Jean Duret, mentionné comme seigneur en 1685, mort en 1701. En 1722, on trouve Jean-François Duret ; puis, à partir de 1759, au moins, Étienne Serre de Saint-Roman.

Lors de la réforme administrative de 1787 qui eut pour effet de diviser pour la première fois la France en départements et en arrondissements, la municipalité de Villejuif fut attribuée au département de Corbeil et à l'arrondissement de Bourg-la-Reine. Un de ses actes les plus importants fut de rédiger pour les États généraux de 1789 le cahier de ses « doléances ». En voici le texte:

CAHIER DES PLAINTES, DOLÉANCES ET REMONTRANCES DE LA PAROISSE DE VILLEJUIF

L'an 1789, le mardi 14 avril, onze heures du matin, issue de la messe de paroisse, dite, chantée et célébrée en l'église de la paroisse de ce lieu de Villejuif, sont comparus par devant nous François de Gaulle, avocat au Parlement, bailli du bailliage de Villejuif, assisté de maître Gilles-Brice Quiller, greffier de la municipalité de ladite paroisse de ce lieu de Villejuif, majeurs de 25 ans, payant taille en cedit lieu, tous convoqués au son de la cloche en la manière accoutumée ;

Lesquels, en vertu de l'ordonnance de convocation de M. le lieutenant civil du 4 du présent mois, assemblés dans l'une des salles du séminaire de Saint-Nicolas en leur maison de ce lieu de Villejuif, ont proposé les doléances qui suivent :

Article premier. — Que, quoiqu'ils soient dans la banlieue et presque à la porte de Paris, loin de se ressentir de l'aisance que devrait leur procurer le voisinage de la capitale et la facilité de commercer avec elle à cause de la grande route qui traverse leur paroisse et territoire, ils sont au contraire, pour la plupart, réduits à une extrême indigence.

Art. 2.— Qu'ils sont surchargés d'impôts, que la superficie du terrain qu'occupe leur paroisse n'est que de 927 arpents, mesure du Roi, ou 1.385 arpents, mesure commune ; que, cependant, ils payent en taille, brevet d'icelle, vingtième et capitation une somme de 18.000 livres, ce qui fait 20 livres par chaque arpent, mesure du Roi, et 13 livres, mesure du pays. Encore est-il à observer que, sur cette quantité de 1.385 arpents, il y en a plus de 50 qui appartiennent aux gens de mainmorte, lesquels ne payent pas de vingtièmes, et 150 privilégiés ; qu'à la vérité, aucun d'eux ne fait valoir dans leur paroisse.

Art. 3. — Que, en outre, ils sont assujettis à payer le droit de gros manquant, pour raison de leur récolte des vins qu'ils consomment dans leur ménage à raison de moitié des droits de huitième ou environ ; que, pour raison du payement de ce droit, ils éprouvent des poursuites rigoureuses, qui leur deviennent coûteuses et vexatoires jusqu'à les priver de leurs meubles.

Art. 4. — Que, non contents de leur faire payer ces sommes et droits énormes pour un territoire aussi resserré et aussi exigu que le leur, on vient d'y ajouter, depuis deux ans, un impôt sous le nom de corvée, montant par an à 800 livres ou environ, impôt d'autant plus onéreux pour eux que leur route faisant partie de l'entretien du pavé de Paris, ils n'étaient tenus à aucune corvée personnelle.

Mais, ce qui achève de mettre le comble à leur détresse et à leur infortune c'est qu'outre ces impôts, l'on a établi depuis dix ans dans leur village des bureaux des fermes à l'aide desquels on perçoit à la rigueur les droits d'entrée sur la majeure partie des objets de consommation ; que cette perception, qui est d'autant moins authentique qu'il n'y a pas même de barrière établie, donne lieu à des procédures ruineuses, rarement méritées, d'après même le tarif illégal du fisc, plus souvent ménagées par adresse et préparées par l'avidité des préposés ; qu'enfin, cette perception abusive a tellement renchéri les objets de première nécessité tels par exemple que le bois à brûler et celui de construction, que l'on gagne à s'en approvisionner à Paris, et que l'entretien des bâtiments est devenu, dans leur village, aussi cher que dans la capitale, ce qui porte les loyers à un prix excessif et beaucoup au-dessus de leurs facultés.

Le dernier article n'est autre chose qu'un long et violent réquisitoire contre la capitainerie des chasses, maudite d'ailleurs universellement par tous les habitants des environs de Paris.

La municipalité de Villejuif, devenu chef-lieu de canton du district de Bourg-la-Reine, fut créée au mois de février 1790 par l'élection d'un Conseil général présidé par Louis Radot, maire. Chaque séance avait lieu « à l'issue de la grande messe de paroisse, dite, chantée et célébrée en l'église paroissiale de ce lieu ».

Voici, d'après une délibération municipale du 29 mai 1791, quels étaient les *desiderata* de la commune à cette époque. Ils furent exposés en ces termes aux administrateurs du directoire de district à Bourg-la-Reine :

1° Qu'il soit construit dans ce lieu de Villejuif une fontaine pour subvenir aux besoins de cette paroisse, attendu que l'on est obligé d'aller à deux lieues pour se procurer de l'eau, ce qui devient très onéreux à la paroisse, et que, même en cas d'incendie, on ne pourrait se procurer les secours nécessaires, et qu'elle se croit d'autant mieux fondée à faire cette demande, vu qu'il y a des moyens faciles de se procurer cet élément ;

2° A l'effet de demander la suppression d'une mare remplie d'eau d'égout qui croupit, n'ayant aucun écoulement, étant dans la rue du Moutier, ce qui porte un mauvais air, capable d'occasionner des maladies épidémiques dans ledit lieu, et qu'elle soit transportée ailleurs ;

3° Comme chef-lieu de canton, qu'il soit établi en cette commune une maison commune, des prisons et un corps de garde, ce qui est aussi très utile, vu que la grande route de Paris à Lyon passe dans ledit lieu et qu'il y a une maréchaussée ;

4° Que le pavé de la rue du Moutier soit continué à partir du passage pour aller au presbytère conduisant au carrefour de Sacaty et à la rue d'Amont et que ledit carrefour ainsi que ladite rue d'Amont soit pavé, cet ouvrage étant d'autant plus nécessaire que, pendant les trois quarts de l'année, ces mêmes rues et carrefour sont inhabitables ;

5° Pour représenter que le cimetière situé dans le milieu dudit lieu joignant l'église est contraire à la salubrité de l'air, et de demander aussi qu'il soit transporté dans un autre endroit ;

6° A l'effet de représenter aussi à MM. lesdits administrateurs que Villejuif est situé entre Vitry et L'Haÿ, et n'est éloigné de ces deux endroits tout au plus que d'un quart de lieue ; que L'Haÿ est pavé jusqu'à la route d'Orléans ; en conséquence, de demander des chemins pavés qui se communiquent avec ces deux endroits pour le bien général des citoyens desdites communes et de tous les administrés du district, vu que le chemin allant à Vitry pourrait être continué dudit lieu au pont de Charenton par le Port à l'Anglais où le passage d'eau est établi, et dont la distance ne serait pas plus d'une demi-lieue et que ce chemin communiquerait aux routes de la Champagne et de la Flandre ;

7° Enfin, que copie de la présente délibération sera envoyée à M. le procureur syndic du Directoire dudit district de Bourg-la-Reine, lequel est supplié de prendre tous ces objets en considération. (*Registres des délibérations municipales*, à la mairie).

A la date du 30 juin 1793, le registre de délibérations fournit les renseignements suivants, sur le dénombrement de la population :

1.362 individus, dont 1.319 résidant dans la commune ;
10 dans les troupes de ligne ;
20 volontaires ;
13 qui sont revenus des frontières.

Dans « chaque année commune », c'est-à-dire en moyenne, il se produit 55 à 56 naissances, 8 mariages, 35 décès.

Le même registre est surtout occupé par des certificats de civisme délivrés aux habitants de la commune. Il y a lieu de croire que chaque citoyen fut astreint à l'obligation de se procurer une attestation officielle de civisme. Nous croyons utile d'en reproduire ici deux spécimens :

Nous soussignés, maire, officiers municipaux et membres du Conseil général de la commune de Villejuif ;

Sur la demande qui a été faite par le citoyen cy-après nommé : Certifions sur l'attestation des citoyens . . . .
. . . .
tous domiciliés dans le canton de Villejuif qui est celui dans l'arrondissement duquel est la residence du certifié qui se nomme Jacques Charles Claude Doynel, *sous lieutenant au cidevant regiment de dragon Monsieur*, âgé de 45 ans natif de Rousey, departement de la Manche, taille... cheveux... sourcils... etc... demeurant actuellement en cette commune de Villejuif, maison de santé sise rue du Moutier n° 29 où il réside comme pensionnaire. Et qu'il réside sans interruption depuis le 6 Aout jusqu'à ce jour. — En foi de quoi nous avons délivré le présent, en présence des neuf citoyens certifiants que nous avons admis en témoignage, lesquels ont affirmé que le dit certifiant attendu l'aliénation de son esprit, était dans l'impossibilité de se rendre en cette maison commune pour signer le présent certificat et n'avoir pu prêter le serment civique ni accepter l'acte « *constitutionale* » decreté. Lesquels certifiants ne sont à notre connaissance et suivant l'affirmation qu'ils ont faite devant nous parents, alliés, fermiers domestiques créanciers débiteurs ni

agens du certifié ni d'aucun autre prévenu d'émigration ou émigré et ont les certifiants signé tant sur le present registre que sur l'extrait délivré.

Nous soussignés, maire, officiers municipaux et membres du Conseil général de la commune de Villejuif. . . . .
. . . .
certifions sur l'attestation des citoyens Claude André Lesage et Jean Legendre, tous deux domiciliés dans cette commune, qu'ils ont vu affiché pendant trois jours consécutifs à la maison commune l'affiche du certificat de résidence du citoyen Jean Tailleur, domicilié en cette commune depuis quatre ans sans interruption jusqu'à ce jour. En foi de quoi nous attestons qu'il n'a jamais émigré, certifions en outre que le dit Tailleur de notre commune a donné des preuves de civisme, non équivoque, qu'il s'est toujours comporté en bon Patriote, qu'il a monté ses gardes par lui-même toutes les fois qu'il en a été requis, qu'il a prêté son serment prescrit par la loi en notre chef-lieu de canton, le six août présent mois, qu'il a contribué suivant son pouvoir et sa fortune, aux collectes faites pour les frais de la guerre, et pour l'équipement des volontaires et enfin qu'il n'a pu payer ses contributions de 1792, vu que sur rôles ne sont point encore en recouvrement.

Fait et arrêté en la maison commune, le vingt août mil sept cent quatre-vingt-treize, l'an 2e de la République, une et indisible et avec les citoyens signé avec nous tant sur le présent registre que sur l'extrait délivré,

Signé : Tailleur, — Le Gendre, — Lesage, — Roussy-Lamotte, officier municipal, — Delanoue of., — Vincent of., — Godefroy, — Radat, — Doviller, — Darblay maire — et Quieller secrétaire greffier.

La prise de Toulon, le 19 décembre 1793, détermina en France un enthousiasme extrême. Les habitants de Villejuif s'y associèrent en célébrant une fête patriotique, le 19 janvier suivant. Cette fête donna lieu à un incident presque comique, surtout par la sanction qu'il reçut. Nous en empruntons le texte au registre des délibérations municipales :

Le citoyen Louis Radot, agent national, a représenté que, le decadi dernier vingt nivôse, lors de la feste qui s'est célébrée en rejouissance de la prise de Toulon, il avoit été demandé par tous les bons citoyens assemblés pour celebrer ladite feste que tous ceux qui étoient sur l'estrade de l'autel de la patrie en descendissent pour donner la facilité aux spectateurs de voir et d'entendre les cérémonies de cette fête civique, ce que tous lesdits citoyens se sont empressés de faire, ainsi que les autorités constituées ; que, après, le citoyen Garcin y montant, en a été empêché par une des sentinelles gardant le haut des marches de l'estrade et qu'à l'instant, ledit citoyen Garcin l'a repoussée, ce qui ayant causé du trouble dans cette feste, ledit citoyen Radot, en sa qualité d'agent national, requiert qu'il soit condamné en une amende de quinze livres et trois heures de prison........ Et a signé :

L. Radot, *agent national.*

L'agent national entendu, le Conseil arrête que ledit citoyen Garcin pour avoir manqué à la sentinelle, le condamne pour cette fois seulement sans tirer à conséquence, en quinze livres d'amende, et qu'il gardera prison pendant trois heures, lui faisant défense de récidiver sous plus grande peine......

Faute de posséder les délibérations des années suivantes, on est mal renseigné sur ce qui se passa à Villejuif pendant la Terreur. Nous aimerions croire que la répression y fut toujours aussi paternelle que dans le cas que l'on vient de lire : il est permis de douter, surtout lorsque l'on sait que le châtelain du lieu, le comte de Saint-Roman, fut alors guillotiné.

En 1815, lors du stupéfiant et triomphale retour de l'île d'Elbe, l'armée royaliste tenta de barrer la route de Paris à Napoléon. A cet effet, un corps d'armée, placé sous le haut commandement du duc de Berry, occupa le plateau de Villejuif, mais il fallut bientôt renoncer à la résistanee et disperser ces troupes qui, — l'événement en confirmait chaque jour la certitude, — ne manqueraient pas, au premier contact, à pactiser avec celles du conquérant. « Les généraux de l'armée de Villejuif, dit M. Henri Houssaye (*1815*, p. 352), reçurent dans la journée du 19 mars des instructions du duc de Berry pour un mouvement en avant auquel ce prince était alors bien loin de songer. Ce fut seulement dans la nuit que Macdonald leur fit passer l'ordre de se retirer par Saint-Denis vers les places du Nord ».

Dans l'après-midi du lendemain, les habitants de Villejuif purent voir un immense nuage de poussière s'avancer comme un tourbillon sur la route d'Italie, venant de la Belle-Épine, et entendre, dans un fracas terrible de pas d'hommes et de chevaux, de cliquetis d'armes, les cris frénétiques de : Vive l'Empereur ! A bas les Bourbons ! C'était l'aigle impérial qui passait sur son dernier clocher avant d'atteindre, suivant la prédiction prophétique, les tours Notre-Dame. On ne sait que trop, hélas ! pour combien peu de temps et ce que cette heure de triomphe allait coûter cher à la France.

La Révolution de 1830 n'a donné lieu à aucune manifestation administrative de la municipalité.

A la date du 4 mars 1847, nous rencontrons dans les registres une délibération très énergiquement motivée pour protester contre le projet de création, entre la route de Fontainebleau et celle de Vitry, d'un vaste cimetière destiné aux inhumations des hospices et hôpitaux de Paris. Bien que cet établissement ne dût pas se faire sur son territoire, la municipalité prenait ardemment les intérêts de la route royale, « déjà infestée par l'égout de Bicêtre », et qui est cependant celle que suit le roi pour aller à Fontainebleau. La bourgeoisie s'enfuira de Villejuif, car, des fenêtres de ses maisons, elle aura vue sur le cimetière ; « la route royale sera, pour ainsi dire, perdue ». Une protestation analogue fut émise à la séance du 20 août 1852. Le cimetière ne fut, d'ailleurs, ouvert qu'en 1861 ; c'est celui qu'on nomme aujourd'hui cimetière d'Ivry ancien.

La Révolution de 1848 ne laissa pas le bourg indifférent. Dès le 28 février (la République ayant été proclamée le 24), le Conseil municipal décidait que trois drapeaux aux couleurs nationales seraient placés : l'un au clocher de l'église, l'autre à la mairie, le troisième à la gendarmerie, et que la rue Royale se nommerai désormais Grande-Rue.

Le registre des délibérations de cette année-là atteste à plusieurs reprises le souci qu'avait la municipalité de procurer de l'ouvrage aux ouvriers inoccupés.

Le 19 novembre 1848, la Constitution fut proclamée avec pompe. Lecture des articles qui la composaient en fut faite par le maire entre une messe solennelle dont la musique fut fournie par 25 musiciens du 57e régiment de ligne en garnison au fort de Bicêtre, et un *Te Deum* non moins solennel. Des rafraîchissements furent ensuite offerts aux invités. Le soir, il y eut illuminations et « bal gratis ».

Survint, hélas ! la néfaste guerre de 1870. Le 16 septembre 1870, le Conseil municipal se réunit à Paris, boulevard Beaumarchais, n° 46, « par suite de l'évacuation de Villejuif en présence de l'ennemi ». Le 27 février 1871, il tint de nouveau séance à Paris, mais cette fois boulevard Arago, n° 17, « par suite.... de l'occupation militaire de la commune ».

Par sa position stratégique commandant le plateau que limite la vallée de la Seine à l'Est et celle de la Bièvre à l'Ouest, Villejuif devait naturellement être le point de mire de l'armée envahissante, et à plusieurs reprises son VIe corps fit des tentatives pour l'occuper ; mais ce fut en vain. Le 19 septembre, la redoute des Hautes-Bruyères, sise du côté de L'Haÿ, et qui avait été construite au moment même du siège et sous le feu de l'assiégeant, fut prise par l'ennemi, mais nos troupes l'en délogèrent le 23 septembre et s'y maintinrent désormais. De même, le 30 septembre, Villejuif fut pour l'armée française un solide point de cantonnement lors de la grande sortie vers le Sud qui avait à la fois Chevilly et Thiais pour objectifs. Les dégâts dont souffrit le village pendant la guerre furent donc produits surtout par les retranchements et autres travaux de défense élevés par les assiégés. Nous disons plus loin, cependant, que le clocher de l'église fut en grande partie démoli par les obus allemands.

Depuis cette lamentable époque, Villejuif est redevenu le centre agricole qu'avait troublé le bruit des canons. Le manque de communications aisées avec Paris a été atténué à partir de 1875 par la création d'une ligne de tramways, bien insuffisante à l'origine. Puis, s'est élevé, sur le territoire de la commune, un très important asile d'aliénés. Il ne nous reste plus qu'à mentionner le percement, en septembre 1900, de l'avenue de Saint-Roman, reliant la mairie et le groupe scolaire aux derniers vestiges de l'ancien château seigneurial.

II. — MODIFICATIONS ADMINISTRATIVES ET TERRITORIALES

Choisi dès l'origine comme chef-lieu de canton du district, puis de l'arrondissement méridional du département, Villejuif n'a jamais été dépossédé de cet apanage ; mais il s'est, à plusieurs reprises, préoccupé très attentivement de la question du siège du chef-lieu d'arrondissement. La première fois, ce fut au moment même de la création des sous-préfectures, en l'an VIII. Voici la protestation que l'administration cantonale adressait au Ministre :

Au citoyen Ministre de l'Intérieur.

Citoyen,

Sous un gouvernement qui est toujours attentif au bien public, des administrateurs peuvent avec confiance déposer dans son sein les moyens qui peuvent rendre profitable aux administrés ce qui, dans l'origine, pouvait leur être nuisible.

C'est dans ces vues que l'administration municipale du canton de Villejuif réclame contre le placement fait à Sceaux-l'Unité du chef-lieu de la sous-préfecture.

En effet, cette commune est le point le plus éloigné pour les administrés puisqu'elle tient au département de Seine-et-Oise.

Choisy semble, par sa position plus centrale, devoir obtenir ce placement puisqu'il contient des bâtiments assez spacieux, et qu'il est environné de routes très commodes.

Que l'Administration centrale du département de la Seine a fait un bail tout récent de ces mêmes locaux pour servir au tribunal de police correctionnelle qui était établi à Choisy; toutes les dépenses sont faites, et qu'à Sceaux-l'Unité il faut les commencer.

Vu ce double avantage, et par intérêt pour les administrés des cantons éloignés les soussignés désirent ardemment que Choisy soit adopté pour chef-lieu de la seconde [sous] préfecture du département de la Seine [1].

(*Signatures*)

1. Arch. nat. F^2 I, 520.

En 1814, de puissantes influences agirent pour enlever à Sceaux le siège de la sous-préfecture, au profit de Choisy-le-Roi (Voy. la *Notice* sur Sceaux, page 22). Villejuif posa sa candidature, — au moins indirectement —, comme le prouve la lettre suivante :

A Son Excellence Monseigneur de Montesquiou, Ministre et Secrétaire d'État au département de l'Intérieur.

Monseigneur,

Je viens d'apprendre que votre intention était de transporter, pour la commodité des administrés, le siège de la sous-préfecture de l'arrondissement de Sceaux au centre du territoire qui compose cet arrondissement.

Le village de Villejuif étant celui auquel sa position, également rapprochée des extrémités de cet arrondissement, ainsi qu'il est facile de s'en convaincre par l'inspection de la carte, paroît devoir donner la préférence, je mets à votre disposition, ainsi qu'à celle du gouvernement, une grande et belle maison entre cour et jardin, située à l'extrémité du village, à droite en sortant de Paris. Le locataire quitte cette maison qui, par conséquent, peut être de suite occupée par l'administration. Le local n'exige aucun frais que le transport. Si cette maison pouvait par sa position convenir à l'administration, les conditions peuvent être arrêtées sans délai.

Je suis avec un profond respect....

A. Maugirard, *conseiller référendaire* en la cour royale des Comptes [1].

En 1835, la Préfecture de la Seine prescrivit une consultation des communes sur cette même question du chef-lieu de l'arrondissement méridional. Le Conseil municipal de Villejuif s'empressa d'en délibérer. A la date du 7 février, il déclarait que le défaut de centralité était une cause déterminante du changement du chef-lieu, et constatait que le mérite de cette centralité appartenait à Villejuif, la route de Fontainebleau partageant l'arrondissement en deux parties égales : à l'Est, 22 communes avec 33.622 âmes ; à l'Ouest, 21 communes avec 33.465 âmes. La délibération faisait encore valoir que le bourg occupait une situation stratégique importante, qu'il était relais de poste, qu'il s'y trouvait cinq ou six maisons convenables pouvant servir d'hôtel de sous-préfecture.

Ces arguments ne prévalurent pas, cependant, non plus que la délibération du 8 novembre 1844, qui les reproduisit dans un but analogue, et Sceaux resta jusqu'à la fin, c'est-à-dire jusqu'à la supression des sous-préfectures de la Seine, en 1880, titulaire de la sous-préfecture.

Il n'est pas, à notre connaissance, de documents indiquant que le territoire de la commune ait subi une modification ; il est resté identique à celui de la paroisse en 1789.

1. *Ibid.*

III. — ANNALES ADMINISTRATIVES. — LISTE DES MAIRES

Voirie urbaine. — Le 16 novembre 1817, le Conseil municipal, en présence d'une contestation soulevée par un particulier, établissait que la ruelle Pichard donnant d'une part sur la rue Royale, et d'autre sur la ruelle aux Prêtres, est une voie publique depuis un temps immémorial, qu'elle est figurée sur un plan dressé en 1744 par Caprais Morizé, arpenteur de la maîtrise particulière des eaux et forêts.

Cette ruelle Pichard a été absorbée depuis dans des constructions particulières. Quant à la rue Royale, qui n'est autre que la route nationale dans la traversée de Villejuif, elle porta ce nom jusqu'au 28 février 1848, date à laquelle le Conseil municipal, comme nous l'avons dit plus haut (p. 17), délibéra que les deux plaques en fonte placées aux extrémités de la rue Royale seraient enlevées et remplacées par deux autres portant la mention Grande-Rue, dénomination qui n'a plus été changée.

Éclairage. — C'est en 1858 (sessions de février et de mai) que fut décidé l'établissement de cinq réverbères dans la Grande-Rue, pouvant éclairer depuis le château jusqu'à la maison Peron, ancienne poste aux chevaux, et qui seraient allumés pendant les six mois d'hiver, moins les jours de clair de lune. La dépense d'installation s'éleva à 600 francs.

En 1868, le gaz fut substitué à ce mode d'éclairage par trop sommaire.

Moyens de transport. — Il est curieux de voir qu'en 1844 (8 novembre), le Conseil municipal s'émut vivement à la nouvelle que le débarcadère du chemin de fer de Lyon serait établi au faubourg Saint-Antoine de Paris, c'est-à-dire sur la rive droite de la Seine. Cet établissement, dit la délibération, aurait pour effet de ruiner la commune ; « déjà, le chemin de fer de Paris à Orléans et son embranchement sur Corbeil [1] lui ont causé un préjudice très considérable en la privant du passage des voyageurs et des marchandises des vallées de l'Essonne et de l'Orge ». La création sur

1. L'embranchement de Juvisy à Corbeil appartint, en effet, à la Compagnie d'Orléans depuis l'origine (1840) jusqu'en 1863.

la rive gauche de la gare du nouveau chemin de fer serait « une faible compensation ».

Comme dans bien d'autres lieux, l'établissement des chemins de fer apparaissait comme une ruine pour les populations rurales; l'événement a prouvé qu'il avait été pour elles, au contraire, une source de prospérité. Il faut convenir, d'ailleurs, qu'en matière de voies ferrées, Villejuif est aussi mal partagé que possible.

Pendant bien longtemps, ses habitants n'eurent d'autre moyen de se rendre à Paris que pédestrement ou dans leurs voitures de maraîchers. Puis, s'établit un service de voitures publiques entre le quai d'Orléans, nº 29 (aujourd'hui quai aux Fleurs), Gentilly et Bicêtre, à raison de six départs par jour en semaine et d'un par heure le dimanche. C'est seulement le 18 avril 1878 que fut ouverte à l'exploitation la ligne de tramways de Villejuif à la place Walhubert. Par la suite, le terminus parisien fut reporté au square Cluny, puis au Châtelet; ce n'est qu'en 1892 que les voitures eurent leur terminus actuel à Villejuif; jusque-là elles ne gravissaient pas la côte, d'où maintes réclamations de la municipalité.

Téléphone. — Le 25 août 1891, fut voté un crédit de mille francs pour l'établissement d'une ligne téléphonique.

MAIRES DE VILLEJUIF

RADOT, Charles-Nicolas. 1790-1791.
LESAGE, Claude-André. 1791-1793.
DARBLAY. 1793.
. . . .
BARRE. Mentionné en 1813.
SERRE de SAINT-ROMAN, comte de Frechegeville. 1814-1830.
BARRE, 1830.
GODEFROY. 1831-1834.
PERON. 1834-1842.
DURAND-BRAGER. 1844-1848 [1].
CLAIRAT, César (docteur). 1848-1851.
PERON. 1852-1854.
LEGROS. 1855-1856.
LEFÈVRE, Onésime-Théodore. 1856-1870. Mort en fonctions.
CAPY, Amable-Constant. 1871.
REULOS, Hyacinthe-Emmanuel. Nommé par décret du 5 mai 1881. Élu le 30 avril 1882. Constamment réélu depuis.

1. Pendant les années 1842 et 1843, l'intérim de la mairie fut fait par M. Thibault, adjoint.

IV. — MONUMENTS ET ÉDIFICES PUBLICS

Mairie. — Dès 1790, il est fait mention, dans les registres de délibérations, de « la maison commune », lieu ordinaire où se tiennent les assemblées municipales. Quant aux assemblées générales, elles avaient lieu dans l'église, ou parfois, comme on l'a vu plus haut (page 12), en tête du cahier des doléances de 1789, dans une des salles du séminaire de Saint-Nicolas.

Au budget de 1813, le plus ancien que possèdent les archives de la mairie, nous lisons : « Location de la maison commune, 50 francs ; au budget de 1815, le même article est porté à 100 francs, — à 90 francs en 1818, et de nouveau à 100 francs en 1818. A la suite de ce dernier budget, se place la mention suivante : « Le Conseil observe que la location de la maison commune et les frais de bureau du maire exigeant une allocation plus forte, il les a reportés à ce qu'ils étaient dans les années précédentes ».

La mairie devait rester longtemps encore en location. Le 9 mai 1840, le Conseil adoptait, à l'unanimité, le projet, présenté par le maire, d'acquérir au prix de 60.000 francs une maison appartenant à M. Orban, qui consentait à la vente. Cette maison n'était autre que l'ancien séminaire de Saint-Nicolas du Chardonnet, vaste bâtiment construit en 1608 et qui était devenu bien national à la Révolution. Vendu en cette qualité au district de Bourg-la-Reine, le 27 novembre 1792, et acquis au prix de 50.000 francs par les sieurs Demetz, Champoulot et Garnier, il fut affecté alors pendant quelque temps à recevoir notamment les religieux des deux sexes que les événements politiques avaient frappés d'aliénation mentale.

M. Orban l'acquit, à son tour, le 23 février 1833, au prix de 60.000 francs après la faillite de son propriétaire d'alors, M. Louis-Charles Parmentier, professeur de langues. Il mourut peu après la délibération de 1840 autorisant les pourparlers dont nous venons de parler, et, ses héritiers ayant refusé de ratifier la promesse de vente, la mairie continua à être en location pendant cinq ans.

M. Durand-Brager, maire, agissant au nom de la commune, dûment autorisé par le Conseil municipal et par délibération du Conseil de préfecture en date du 6 janvier 1846, poursuivit en justice les héritiers Orban. Le 7 février 1845, le tribunal civil rendait un jugement, tenant lieu d'acte de vente et faisant droit à la requête de la commune.

Une ordonnance du roi en date du château d'Eu, du 23 octobre 1844, avait autorisé l'acquisition et accordé un secours de 44.000 francs sur le fonds de réserve de l'octroi de banlieue.

La commune solda ainsi les dépenses d'achat et de frais d'appropriation :

Secours	44.000 francs
Produit de la vente de l'ancien presbytère .	6.988 —
Produit de la vente de matériaux provenant de la démolition d'un bâtiment faisant partie de l'acquisition	13.600 —
Emprunt remboursable en 10 annuités . .	25.000 —
	89.588 francs

Le 25 octobre 1882, une partie du terrain acheté des héritiers Orban, située entre le jardin du presbytère et la ruelle des Prêtres, d'une contenance de 7 ares 65, a été vendue à M. Lancrenon pour 6.144 francs, lesquels ont été employés à l'achat de terrain pour le groupe scolaire.

Tel est l'historique de la mairie actuelle de Villejuif. Rappelons que le bâtiment où l'ancienne mairie était située est représenté par la maison sise, Grande-Rue, n° 42, presque à l'angle de la rue du Moutier.

Église. — L'église paroissiale, dédiée à saint Cyr et à sainte Julitte, est un bel édifice, qui n'a rien d'une église de village. Bâtie au XIIIe siècle, elle a été réédifiée presque complètement au XVIe; du temps de l'abbé Lebeuf, on voyait à la base de la tour une inscription donnant la date de 1539 comme celle de sa construction, Cette inscription a disparu, ainsi que quelques autres, heureusement relevées par feu Guilhermy dans son recueil des *Inscriptions de l'ancien diocèse de Paris*, tome III, pages 592-601. La plus ancienne, datée approximativement de 1537, a pour objet la donation de reliques, faite à l'église par maître Guillaume Le Vavasseur, chirurgien et valet de chambre ordinaire du roi. Du même siècle, la dalle funéraire de Robert Rocher, « en son vivant marchant tavernier et laboureur », celle d'un officier suisse, Melchior Grandhofer, décédé en 1666, et celle de Jean Duret, seigneur de

Villejuif, mort en décembre 1701. Guilhermy reproduit enfin l'inscription d'une des cloches de l'église, datée de 1556.

La guerre de 1870 a fait beaucoup souffrir le monument. Le clocher tomba sous les obus allemands; le devis des réparations à effectuer pour l'église et le presbytère s'éleva à 21.525 francs. Ce n'était pas sa première restauration; par délibération du 21 janvier 1826, le Conseil avait reconnu la nécessité d'effectuer des travaux dont le devis, dressé par M. Châtillon, atteignait 42.000 francs, et offrait d'y contribuer par quatre surimpositions annuelles de 3.000 francs chacune.

Cimetière. — Un des paragraphes, cité plus haut, de la délibération de 1791 sur des besoins de la commune, a trait au cimetière communal. Plus tard, les registres de délibérations nous apprennent que, de 1821 à 1823, la ville fut en pourparlers et même en procès avec un sieur Etienne Barre pour la possession d'un terrain à usage de cimetière, qu'elle avait acheté, mais dont elle n'avait jamais joui.

Le cimetière actuel fut acquis en vertu d'une délibération du 15 mai 1823, à la suite d'une ordonnance royale du 9 avril précédent, autorisant cette acquisition.

Justice de paix. — En sa qualité de chef-lieu de canton, Villejuif eut, dès l'origine, le devoir d'offrir un local aux audiences du juge de paix. L' « auditoire », comme on disait jadis, fut pendant longtemps fort mal installé dans une dépendance du château. En 1829, on l'augmenta en y ajoutant un cabinet pour le magistrat, et cette même année, M. de Saint-Roman déclara renoncer aux droits de location, — qu'il n'exerçait pas, d'ailleurs, — mais en se réservant de reprendre les locaux au bout de 10 ans. La salle d'audience y resta cependant, jusqu'en 1845, date à laquelle elle trouva un asile très convenable dans les bâtiments de la mairie.

Gendarmerie. — Rappelons pour mémoire qu'en l'an VII, la gendarmerie du canton était installée à la Belle Épine, chez le citoyen His, aubergiste, mais sur le territoire du canton de Choisy.

BIBLIOGRAPHIE

L'abbé LEBEUF, *Histoire du diocèse de Paris*, t. IV, pp. 25-32.

FERNAND BOURNON.

RENSEIGNEMENTS

ADMINISTRATIFS

I. — TOPOGRAPHIE, DÉMOGRAPHIE ET FINANCES

§ I. — TERRITOIRE ET DOMAINE

A. — TERRITOIRE

Nom. — Villejuif.

Dénomination des habitants. — On dit Villejuifois.

La commune n'a pas d'*armoiries*.

Limites du territoire. — Le territoire est limité au Nord par le Kremlin-Bicêtre et Ivry-sur-Seine; à l'Est par Vitry-sur-Seine; au Sud par Chevilly et L'Haÿ; à l'Ouest par L'Haÿ et Arcueil-Cachan.

Quartiers, hameaux, écarts. — La commune est constituée par deux agglomérations distinctes : le Bas de la Côte ou l'Ane vert et le Haut Villejuif, la dernière étant de beaucoup la plus importante.

Lieux dits. — L'Ane vert, les Petits Jardins, les Sorrières, les Basses Sorrières, les Hautes Sorrières, les Monts Gets, les Esselières, les Monts Cuchets, la Tour carrée, les Sablons de la Bruyère, les Monts Pétrins, les Barmonts, le Pommier de bois, la Haute Bruyère, le Trou Fary, la Basse Bruyère, la Petite Bruyère, Champ clos, le Conard, les Lozaits, la Fosse aux chevaux, les Plâtras, les Petits Ormes, les Veaux de Rome, le Lion d'Or, l'Aunay, la Fosse d'Enfer, les Enfers, les Verbeuses.

Superficie de la commune. — La superficie actuelle du territoire est de 544 hectares, dont :

Propriétés bâties.	32 hectares
Propriétés non bâties.	512 —
Total égal. . . .	544 hectares

Arrondissement. — Sceaux.

Canton. — Villejuif.

Circonscription législative. — 3e circonscription de l'arrondissement de Sceaux.

Sectionnement électoral. — Pas de sectionnement.

Bureau de vote. — Un seul bureau, à la mairie.

Circonscription judiciaire. — Justice de paix de Villejuif.

Circonscription de commissariat. — Commissariat de police du Kremlin-Bicêtre.

Orographie. — Point le plus élevé au-dessus du niveau de la mer, 120 mètres, au Nord-Ouest, à la redoute des Hautes Bruyères; point le plus bas, 65 mètres, à la limite de Villejuif, du Kremlin-Bicêtre et d'Ivry.

Hydrographie. — En raison de la situation de la commune, ce paragraphe ne comporte aucun développement.

B. — DOMAINE

Mairie. — La mairie est située près de la rue du Moutier; la construction occupe une surface de 490 mètres carrés, les cour et jardins 12 ares environ.

L'immeuble fut acheté en 1845 par la commune de Villejuif, et affecté à l'usage de mairie. Avant la Révolution, il dépendait de l'église et du couvent de Saint-Nicolas du Chardonnet.

On y voit encore un escalier monumental avec rampe et balustres en bois.

En 1899-1900, des travaux d'appropriation et de restauration ont été exécutés sous la direction de M. Legros, architecte, mais l'aspect extérieur n'a été modifié que par un fronton de pierre de taille ajouté à la façade.

La valeur de l'édifice peut être évaluée à 150.000 francs.

La mairie renferme la salle de la justice de paix, les bureaux du greffe, ceux du secrétariat, les salles des mariages, du Conseil, de la bibliothèque communale, et en outre des logements d'habitation pour les fonctionnaires communaux et le personnel enseignant.

Écoles.—Le groupe scolaire est construit à l'angle de la Grande-Rue et de la route de Montrouge, sur un des points les plus élevés du territoire, à proximité du Haut de Villejuif et du Bas de la Côte. Il occupe 40 ares, y compris l'école maternelle, les cours, le jardin, la salle des fêtes.

La construction de l'école maternelle date de 1885, celle du groupe scolaire de 1888-1889. La dépense s'est élevée à 250.000 fr., acquisition du terrain comprise.

Église. — L'église, située près de la rue du Moutier, occupe une superficie de 3 ares.

Le monument, qui appartient à la commune, présente une façade principale divisée en trois parties. L'axe de la grande nef est accusé par une porte plein cintre surmontée d'une fenêtre de même forme divisée par trois meneaux. Un pignon couronne cet ensemble. Sur le côté gauche se trouve une tour carrée flanquée, sur chacun de ses angles, de deux contreforts. Au bas s'ouvre une fenêtre plein cintre; la partie supérieure est ajourée sur chacun de ses côtés par des fenêtres plein cintre géminées et garnies d'abat-son ; une corniche couronne cet ensemble et supporte un toit pyramidal ; à l'angle gauche de cette tour, et entre les deux contreforts, est une tourelle sur pendentif contenant la cage de l'escalier.

Les deux autres parties accusent, au rez-de-chaussée, l'extrémité des bas côtés : elles sont ajourées chacune d'une fenêtre plein cintre. Les façades latérales comprennent deux étages divisés en huit travées ajourées par des fenêtres ogivales et séparées par de puissants contreforts. Le second étage s'élève en plan et est ajouré lui-même de fenêtres plein cintre. La cinquième travée est percée au rez-de-chaussée d'une porte de style Renaissance que surmonte une croix fleuronnée. Le chevet comprend l'hémicycle, dont les pans coupés sont éclairés par des fenêtres plein cintre.

Cette église, construite sur plan rectangulaire, se compose, à l'intérieur, d'une grande nef flanquée de deux collatéraux. La grande nef comprend huit travées dans le sens de la longueur et se termine par un hémicycle. Chacune de ces travées est séparée par de forts piliers circulaires recevant d'une part la retombée des arcades qui donnent accès dans les collatéraux et, d'autre part, la retombée des nervures décorant la voûte des bas côtés. Dans chacun des axes de ces travées s'ouvre une fenêtre ogivale. L'hémicycle qui termine la nef est éclairé par cinq fenêtres plein cintre qui sont divisées par des meneaux ; il est recouvert d'une voûte décorée de nervures et d'une clef pendante. Une voûte plein cintre, qui reçoit les pénétrations des fenêtres, recouvre la grande nef. L'hémicycle est occupé par le maître-autel, et les bas côtés, à gauche et à droite, par des chapelles dédiées à saint Roch et à la Vierge. Cette dernière a été restaurée en 1878, par M. Letellier, architecte de la commune.

L'un des bas côtés remonterait au XIIIe siècle ; la nef et la tour portent la date de 1555.

Parmi les tableaux que contient l'église, il en est un qui représente Moïse sauvé des eaux et qui est attribué à Fragonard (Jean-Honoré), peintre d'histoire [1].

Il n'y a, dans la commune, aucun autre local affecté au culte.

Presbytère. — Le presbytère fait partie des constructions acquises par la commune en 1845 ; il est attenant à la mairie et et remonte à la même époque (1608). Il occupe, compris cours et jardin, 7 ares environ.

On estime cette propriété à 35.000 francs.

Cimetière. — Le 25 novembre 1813, la commune acheta une parcelle de terre sise au lieu dit « le Télégraphe » pour y installer un cimetière, en remplacement de celui qui se trouvait autour de l'église. Le décret d'approbation est daté du quartier général à Witepsk, le 27 août 1812. On appelait « le Télégraphe » un lieu dit où il existe depuis de longues années un « télégraphe optique ».

A la suite de difficultés survenues entre la commune et l'administration des postes, le projet d'établir en ce lieu un cimetière fut abandonné, et diverses parcelles d'une superficie de 19 a. 23 c., furent acquises dans ce but, au lieu dit « le Trou Fary », moyennant 2.250 francs.

Par des acquisitions réalisées en 1858, le cimetière a été agrandi de 7 a. 67. Un nouvel aggrandissement a eu lieu en 1889 ; il a

1. Né à Paris en 1734 ; élève de Chardin, Vanloo et Boucher. — Mort en 1806.

porté sur 26 a. 03 c. qui ont coûté 8.569 fr. 58. Les travaux ont donné lieu à une dépense de 6.600 francs.

Le cimetière donne, actuellement, sur la rue d'Arcueil, et a 58 a. 88 c. de superficie; sa valeur est estimée à 20.000 francs environ.

La commune y a fait construire un caveau provisoire.

On verra p. 73 qu'il existe sur le territoire de Villejuif un autre cimetière spécialement affecté à l'asile d'aliénés.

Tombe militaire. — Il existe, dans le cimetière communal, une concession dans laquelle ont été transportés, en 1876, les restes des soldats tués au combat de Chevilly, et qui avaient été inhumés provisoirement dans des propriétés particulières. Cette tombe occupe 12 mètres carrés de superficie dont 10 mètres carrés consacrés à recevoir les corps des soldats, au nombre de plus de 300, et 2 mètres carrés réservés à l'inhumation des officiers.

Ces concessions ont été cédées à l'État par la commune moyennant un prix de 810 francs ; le caveau ainsi que la grille qui entoure la tombe ont été édifiés aux frais de l'État.

Les dépenses se sont élevées environ à 2.000 francs.

Il n'y a, dans la commune, aucun édifice consacré aux services ci-après : *Crèche, Hospice, Hôpital, Dispensaire, Fourneau économique, Marché, Abattoir, Morgue, Fourrière.*

Salle des fêtes. — Une salle des fêtes, d'une superficie de 450 mètres environ, a été construite aux écoles, en même temps que les bâtiments scolaires avec lesquels elle forme groupe. Elle est pourvue d'une scène et remarquablement aménagée. C'est là qu'a lieu la distribution des prix.

Fort. — La redoute des Hautes Bruyères est située sur la partie Ouest de la commune, d'où elle commande toute la vallée de la Bièvre, depuis Bourg-la-Reine jusqu'à Gentilly. Elle occupe une superficie de 3 hectares environ. Elle renferme en temps ordinaire une section sous les ordres d'un garde d'artillerie. Elle fut construite, pendant la guerre de 1870-71, sous la direction de Viollet-le-Duc, alors lieutenant-colonel du génie auxiliaire. De 1872 à 1878, des travaux en ont augmenté l'importance.

§ II. — DÉMOGRAPHIE

A. — POPULATION

Les dénombrements faits depuis 1801 donnent les résultats suivants :

Année	Population
1801	1.109[1]
1817	1.300
1831	1.377
1836	1.652
1841	1.503
1846	1.587
1851	1.514
1856	1.559
1861	1.813
1866	2.308
1872	1.917
1876	2.117
1881	2.678
1886	3.163
1891	4.294
1896	5.234

Depuis le commencement du siècle, la population a presque quintuplé. Jusqu'en 1891, on constate, à chaque recensement, des alternatives d'augmentation et de diminution, que rien ne permet d'expliquer. A cette date, l'augmentation de plus de 1.000 habitants paraît due à la construction et à la mise en fonctionnement de l'asile dit de Villejuif. De 1891 à 1896, l'augmentation encore très importante ne peut être attribuée qu'au développement des services de l'établissement. Cette explication est rendue encore plus vraisemblable par les résultats du recensement de 1901 qui accuse une augmentation de 500 à 600 personnes.

Les tableaux dressés à la suite du recensement du 29 mars 1896 contiennent les renseignements ci-après :

1. Un siècle auparavant, en 1709, lors du dénombrement des paroisses de la Généralité de Paris, la population de Villejuif ne comprenait que 216 feux. (*Appendice* (p. 428) *au Mémoire de la Généralité de Paris pour l'instruction du duc de Bourgogne*, publié dans la collection des Documents inédits de l'Histoire de France, par M. de Boislisle.)

Population résidente : 5.082.

Résidents présents.	3.477	5.082 habitants
— absents	164	
Population comptée à part. .	1.441	

La population *recensée comme présente*, à cette date, se décompose ainsi :

	ENFANTS ou célibataires	MARIÉS	VEUFS	DIVORCÉS	TOTAL
Hommes.	1.323	1.032	132	5	2.492
Femmes	1.207	1.032	335	16	2.590
	2.530	2.064	467	21	5.082

La population de Villejuif, au point de vue de la provenance, se divise ainsi :

10/15es d'habitants venus de divers points de la France ;
4/15es d'habitants nés à Villejuif ;
1/15e d'Alsaciens et d'étrangers.

Le classement de cette population par nationalité est résumé dans le tableau suivant :

		HOMMES	FEMMES	TOTAL
Français	Nés de parents français............	2.391	2.519	4.910
	Naturalisés	38	7	45
Étrangers	Anglais, Écossais, Irlandais	1	2	3
	Allemands	1	4	5
	Autrichien	1	»	1
	Belges......	27	21	48
	Hollandais	1	2	3
	Luxembourgeois..................	2	4	6
	Italiens..........................	18	21	39
	Espagnols........................	3	1	4
	Suisses	4	6	10
	Russes...........................	4	3	7
	Turc.............................	1	»	1
		2.492	2.590	5.082

Les départements de la France qui fournissent à la commune le plus fort contigent sont :

Seine (non compris Villejuif)	2.724
Seine-et-Oise	182
Loiret	101
Seine-et-Marne	74
Nièvre	69
Morbihan	62
Eure-et-Loir	58
Yonne	58
Oise	55
Somme	49
Haute-Saône	48
Saône-et-Loire	47
Puy-de-Dôme	40

En résumé, la population de Villejuif est ainsi répartie d'après le lieu de naissance :

Français	4.955	dont	1.145	nés dans la commune.
Étrangers	127	dont	14	—
Soit un total de	5.082	dont	1.159	—

Dans l'année 1900, l'état civil a enregistré :

87 naissances;
403 décès 1 ;
44 mariages;
1 divorce.

B. — HABITATIONS

Nombre de maisons : 460.

Habitations composées	d'un rez-de-chaussée	116
—	d'un étage	200
—	de deux étages	113
—	de trois étages	30
—	de quatre étages	1
	Total	460

1. Il convient de remarquer que ce chiffre de décès est dû à la présence de l'asile d'aliénés sur le territoire de la commune.

dont. . . . . . . 458 occupées
et . . . . 2 vacantes.

Nombre de logements : 1.282, occupés par. . . . 118 isolés
et. . . . 1.164 familles.

93 ateliers, magasins ou boutiques.

C. — DIVERS

Électeurs inscrits en 1901. — 1.176.

Recrutement. — 34 conscrits ont tiré au sort en 1901.

Chevaux. — 348 chevaux appartenant à 181 propriétaires.

Chevaux entiers.	87 dont 5	au-dessous de 6 ans
Chevaux hongres	206 dont 13	—
Juments	54 dont 2	—
Mulets.	1 dont »	—
Totaux	348 dont 20	au-dessous de 6 ans

Voitures. — 307 voitures appartenant à 115 propriétaires.

194	à 2 roues, attelées de 1 cheval
15	— — de 2 chevaux
90	à 4 roues, attelées de 1 cheval
8	— de 2 chevaux
Total . . . 307	

§ III. — FINANCES

A. — CONTRIBUTIONS

Principal des contributions directes en 1901 :

Contribution foncière.	11.840 »
— personnelle et mobilière.	9.622 »
— des portes et fenêtres.	5.027 »
— des patentes.	9.038,47
Total.	35.527,47

Perception des contributions. — La commune dépend de la perception d'Ivry-sur-Seine. Le percepteur de cette circonscription se tient à la mairie de Villejuif, le 1er et le 3e jeudi de chaque mois, de 10 heures à 3 heures.

B. — OCTROI

Il n'y a pas d'octroi dans la commune.

C. — FINANCES COMMUNALES

Recettes ordinaires d'après le compte de 1900.	70.465,90
— extraordinaires — — .	14.433,96
Total	84.899,86 [1]
Dépenses ordinaires d'après le compte de 1900.	64.890,86 [2]
— extraordinaires — — .	11,349,81 [2]
Total	76.240,67 [3]

Les dépenses ordinaires se répartissent entre les principaux services de la manière suivante :

1° Administration et police	5.057 »
2° Voirie	22.695,93
3° Bienfaisance.	8.831,47
4° Enseignement	12.471,49
5° Dépenses diverses	15.834,97

Emprunts. — Par décret du 16 avril 1888, la commune a été autorisée à emprunter au Crédit foncier, pour ses constructions scolaires, une somme de 100.000 francs, remboursable en 30 ans, du 31 janvier 1889 au 31 janvier 1918.

Le montant du service des intérêts, frais de commission et autres, s'est élevé à 76.798 fr. 55.

L'amortissement est assuré au moyen du produit de 14 c. 7/10 et d'une subvention de 2.225 fr. 12, fournie par l'État.

Au 31 décembre 1899, le montant des remboursements effectués sur le capital s'élevait à 38.097 fr. 78 et celui effectué sur le service des intérêts, frais de commission, etc., atteignait 26.037 fr. 06, ce qui porte le total des remboursements à 64.134 fr. 84.

1. Ces recettes constituent les ressources normales de la commune.

2. Non compris les restes à payer devant figurer au compte administratif de l'année suivante.

3. Ce total représente les dépenses normales de la commune.

Un décret du 18 octobre 1887 a autorisé la commune à emprunter à la Caisse des dépôts et consignations, en vue de travaux destinés à abaisser la côte de Villejuif, une somme de 20.000 francs, remboursable en quinze ans, du 25 juillet 1888 au 25 décembre 1902.

Le montant de l'emprunt, y compris le service des intérêts, frais de commission et autres, s'est élevé à 27.934 fr. 20.

L'amortissement est effectué au moyen du produit de 7 c. 6/10.

Au 31 décembre 1899, il avait été remboursé une somme de 22.347 fr. 36, soit 16.156 fr. 48 sur le capital, et 6.190 fr. 88 sur le service des intérêts, frais de commission, etc.

Enfin, un décret du 17 mars 1899 a autorisé la commune à emprunter au même établissement, pour des travaux de restauration de la mairie, une somme de 20.000 francs, remboursable en 10 ans du 25 février 1900 au 25 août 1909.

Le montant de l'emprunt, y compris le service des intérêts, frais de commission, etc., s'est élevé à 23.693 francs.

L'amortissement est effectué au moyen du produit d'une imposition de 8 centimes.

Au 31 décembre 1899, aucun remboursement n'avait été effectué.

Secours. — La commune a reçu, depuis 1890, différents secours pour les objets ci-après :

Année 1890. — Installation de la justice de paix..	11.400 »
Année 1899. — Restauration de bâtiments communaux	35.043,43

Valeur du centime en 1901. — 355 fr. 27.

Nombre de centimes. — 125 c. 1/10, dont 33,9 centimes extraordinaires.

Charges par habitant. — 12 fr. 16.

Receveur municipal. — Le percepteur des contributions d'Ivry-sur-Seine remplit les fonctions de receveur municipal de la commune de Villejuif.

Il reçoit, à cet effet, un traitement de 1.742 francs.

II. — SERVICES PUBLICS

§ I. — BIENFAISANCE

Bureau de bienfaisance. — Le Bureau de bienfaisance secourt à titre temporaire, 50 familles environ ; à titre permanent, 25 individus indigents, vieillards et infirmes.

La liste d'assistance est établie chaque année par une commission composée de membres du Conseil municipal et du Bureau de bienfaisance.

Les secours temporaires sont donnés après enquête des administrateurs du Bureau de bienfaisance qui, en cas de nécessité, proposent l'inscription sur la liste d'assistance.

Chaque indigent inscrit reçoit, par semaine, un bon de pain de deux kilogrammes et un bon de viande d'un kilogramme.

En hiver, on distribue du coke : le montant de la dépense, en 1900, s'est élevé à 398 fr. 72, soit 224 hectolitres.

Les bons sont échangés par les porteurs chez des fournisseurs de la localité, avec qui le Bureau de bienfaisance a traité de gré à gré. C'est ainsi qu'il paye le pain à raison de 0 fr. 29 le kilogramme, la viande à raison de 0 fr. 78 le kilogramme, étant entendu qu'on ne fournit que du bœuf ; le coke est payé à raison de 1 fr. 78 l'hectolitre.

Tous les indigents inscrits sont admis à l'assistance médicale gratuite ; l'admission des indigents non inscrits, n'a lieu qu'après enquête. Elle est assurée par un médecin qui reçoit une indemnité de 200 francs.

Les médicaments sont fournis par les deux pharmaciens de la commune, qui font au Bureau de bienfaisance une remise de 15 % sur le tarif de la Société de prévoyance des pharmaciens.

Enfin, les accouchements des femmes indigentes sont faits par une sage-femme d'une localité voisine, à qui le Bureau paye 15 francs par opération.

Les fonctions de trésorier sont remplies par le percepteur qui a reçu, en 1900, une somme de 127 francs.

Voici, au surplus le compte de cet établissement pour l'année 1900:

RECETTES

Rentes	618 »
Legs Saint-Roman	50 »
Intérêts de fonds	15,21
Concessions	1.320 »
Dons, souscriptions, quêtes	295,85
Excédent de l'année antérieure	1.158,56
Fête du 14 juillet	107 »
Levée des troncs de l'église en 1899	125,40
Total	3.690,02

DÉPENSES

Médecin	100 »
Receveur-trésorier	127 »
Employé	80 »
Frais de bureau et timbres	28,20
Distribution aux indigents :	
Achat de viande	746,05
— pain	584,35
— combustible	398,72
— médicaments	72 »
Frais d'accouchement	265 »
Fête nationale	107 »
Total	2.508,32
Soit un excédent de recettes de	1.181 70

Les rentes proviennent, jusqu'à concurrence de 451 francs, de l'emploi des excédents de recettes. Le surplus provient des legs ci-après : 9 francs de rente légués par Mme Marie-Jeanne Thibault. L'acceptation a été autorisée par décret du 28 novembre 1849. 158 francs de rente avaient été légués antérieurement et à une date impossible à déterminer par l'*Œuvre et de la Fabrique de Saint-Cyr et Sainte-Julitte de Villejuif*, aux pauvres de la paroisse. Enfin le legs de 50 francs de rente qui figure aux recettes a été fait vers 1882 pour être distribué aux pauvres de la commune par l'intermédiaire du curé de la paroisse qui justifie au moyen d'un état de distribution présenté à la municipalité. Le testateur était propriétaire d'un domaine situé sur le territoire de Villejuif et qui vient d'être loti.

Traitement des malades dans les hôpitaux de Paris.— Les malades de la commune sont envoyés en traitement dans les hôpitaux de Paris. Jusqu'à l'an dernier, ils y étaient admis et traités aux conditions fixées par délibérations des Conseils général de la Seine et municipal de Paris, datant de 1890.

D'après ces actes, les dépenses occasionnées par le traitement de ces malades, évaluées à 3 fr. 05 par jour, défalcation faite des droits d'octroi, étaient supportées, partie par la commune intéressée, partie par le département et partie par l'Administration générale de l'Assistance publique.

La contribution de la commune, calculée à raison de 1 franc par jour et par malade, pouvait être basée, au choix de celle-ci, soit sur le nombre moyen des journées de traitement des trois dernières années, soit sur le nombre réel des journées de traitement de l'année.

Celle du département était calculée aussi à raison de 1 franc par jour, mais elle était acquittée sous forme de subvention forfaitaire dont le chiffre avait été fixé à 225.000 francs par an; le surplus était supporté par l'Assistance publique.

On a été amené à modifier ces conditions sous l'influence de l'élévation de la moyenne du prix de journée qui passait de 3 fr. 05 à 3 fr. 34, et de l'augmentation du nombre de journées dont la subvention du département, fixée une fois pour toutes, ne suivait pas les variations. Or, voici le système qui a été admis par le Conseil général et qui, après adoption par les communes, est entré en vigueur pour une période de 5 ans à compter du 1er juillet 1899. Le prix de journée fixé à 3 fr. 34 est supporté jusqu'à concurrence de 1 fr. 10 par les communes, d'une égale somme par le département, et de 1 fr. 14 par l'Administration générale de l'Assistance publique. Les communes conservent le droit, comme précédemment, de contracter des abonnements dans les mêmes conditions ou de payer leur quote-part d'après le nombre exact des journées de traitement des malades ayant leur domicile de secours sur leur territoire. Quant au département, il versera, non plus une subvention fixée à forfait, mais une somme représentant exactement 1 fr. 10 par journée de traitement.

Le Conseil municipal a accepté cette nouvelle organisation.

Les malades de la commune sont plus spécialement envoyés à l'hôpital de la Pitié. Ils s'y rendent le plus souvent à leurs frais; cependant, dans des cas exceptionnels, la commune pourvoit au transport et recourt alors aux ambulances urbaines. Le cas ne s'est pas produit en 1900.

Assistance à domicile. — En vertu de délibérations en date des 18 décembre 1895 et 26 avril 1896, le Conseil général fait inscrire annuellement au budget départemental une somme de 50.000 francs, destinée à subvenir à l'assistance à domicile des vieillards indigents, infirmes et incurables. La part contributive du département doit être déterminée par l'Administration et correspondre au tiers de l'allocation municipale qui, d'ailleurs, est facultative.

Les conditions d'âge sont 65 ans pour les indigents valides; elles ne sont pas applicables aux infirmes et aux incurables.

Il faut, en outre, avoir séjourné depuis dix ans à Paris ou dans une commune du département.

Depuis les délibérations du Conseil général, aucune disposition n'a été prise par la commune.

Aliénés. — 17 malades ayant leur domicile de secours à Villejuif ont été soignés au cours de l'année 1900, dans divers asiles des départements.

Ils ont occasionné une dépense totale de 11.538 fr. 25.

La commune, contribuant dans la dépense pour 35 °/₀, a dû payer 3.463 fr. 51, le surplus, soit 6.432 fr. 24 restant à la charge du département. Il a été recouvré 1.642 fr. 50 sur diverses familles.

La part pour laquelle chaque commune contribue à ces dépenses est fixé par délibération du Conseil général et varie suivant le revenu de la commune.

Enfants assistés et enfants maltraités ou moralement abandonnés. — L'hospice des enfants assistés par le département de la Seine est situé à Paris, rue Denfert-Rochereau, nos 72 et 74.

Les enfants maltraités ou moralement abandonnés sont assimilés pour la dépense, depuis le 1er janvier 1890, aux enfants assistés, en vertu d'une délibération du Conseil général du 16 décembre 1889. Cette délibération a été prise dans le but de faire bénéficier le département des dispositions de l'article 25 de la loi du 24 juillet 1889. Aux termes de cet article, en effet, la subvention de l'État, dans les départements où le Conseil général se sera engagé à assimiler les enfants maltraités ou moralement abandonnés aux enfants assistés, doit être portée au cinquième des dépenses tant extérieures qu'intérieures des deux services.

Dans ces conditions, les charges relatives à ces deux services se confondent, et les communes, pour qui cette dépense est obligatoire, n'ont à fournir qu'un seul contingent.

La somme payée, en 1900, par la commune a été de 1.060 fr. 97.

Protection des enfants du premier âge. — La même année, les déclarations faites par les parents, conformément à l'article 7 de la loi du 23 décembre 1874, se résument ainsi qu'il suit:

	AU BIBERON	AU SEIN	TOTAUX
Nombre d'enfants de Villejuif mis en nourrice dans le département de la Seine (hors Paris)............	6	3	9
Nombre d'enfants de Villejuif mis en nourrice hors du département de la Seine..........................	10	1	11
	16	4	20

Les déclarations d'élevage, faites par les nourrices de la localité, ont été de 27 enfants dont 25 nés dans le département de la Seine.

Au point de vue de la protection des nourrissons, Paris et les communes du département forment 18 circonscriptions à chacune desquelles sont attachés un médecin inspecteur et une dame visiteuse.

Villejuif dépend de la 16e circonscription dont le médecin inspecteur visite les nourrices les lundis et vendredis, de 2 heures à 4 heures, n° 33, rue de Miromesnil, à Paris.

Il n'y a, dans la commune, ni *crèche*, ni *dispensaire*, ni *fourneau économique*, ni *bureau municipal de placement gratuit.*

Secours aux familles des réservistes. — Aux familles des soldats de la réserve ou de la territoriale qui accomplissent une période d'exercice, on alloue une indemnité de 1 franc par jour pour la femme et de 0 fr. 50 par jour et par enfant. En 1900, la dépense s'est élevée à 560 fr. 50.

La loi de finances du 25 février 1901, dans son article 43, a ouvert au Ministère de l'intérieur un crédit de 500.000 francs en vue de subventions allouées par l'État aux communes, pour secours aux familles nécessiteuses des réservistes et territoriaux. La répartition est faite entre les départements d'après un état annexé à ladite loi, dans lequel le département de la Seine figure pour 21.700 francs. La répartition entre les communes est faite par le Conseil général, dans chaque département ; dans la commune, les bénéficiaires sont désignés par le Conseil municipal.

Propagation de la vaccine. — Aux mois de mars et octobre, en exécution d'une circulaire préfectorale du 14 février 1894, les enfants des écoles sont vaccinés et revaccinés par les soins de l'Institut de vaccine animale, n° 8, rue Ballu, à Paris, qui vaccine également les jeunes enfants qu'on lui présente, même s'ils n'ont pas l'âge scolaire.

Le médecin du Bureau de bienfaisance fait, de son côté, quelques vaccinations. En 1900, deux séances gratuites ont eu lieu aux mois de mai et de septembre. Le nombre des opérations s'est élevé à 288.

Les nouveau-nés sont vaccinés par les soins des sages-femmes ou des médecins à qui le département alloue quelques primes ou des diplômes.

Caisse des écoles. — La Caisse des écoles de Villejuif a été fondée en 1882 ; ses statuts ont été approuvés le 29 septembre de la même année.

Elle comprend à l'heure actuelle 140 sociétaires dont 5 femmes, payant chacun une cotisation de 6 francs par an, à raison de 1 fr. 50 par trimestre.

Elle comprend aussi des membres fondateurs qui versent annuellement 10 francs au minimum.

D'après les statuts, la Caisse a pour but d'encourager et de faciliter la fréquentation des écoles en fournissant aux enfants des familles pauvres des livres et des objets de classe, des vêtements, des chaussures et au besoin pendant l'hiver des aliments chauds.

Le nombre des enfants à qui la Caisse donne des vêtements ou des chaussures, de 116 en 1898 est passé à 144 en 1900, augmentation qui concorde avec celle de la population de la commune. Ces allocations ne sont accordées qu'aux enfants qui fréquentent les écoles communales et dont l'assiduité est constatée par un certificat.

Outre la cantine scolaire qu'elle a organisée (v. p. 49), la Caisse des écoles a, au moyen de ses subventions, permis de donner plus d'extension aux cours de dessin et de gymnastique ; elle a organisé des exercices de tir, acheté des nécessaires de pharmacie, et subventionné les classes de garde et de vacances.

Il convient de donner une mention spéciale aux résultats obtenus à la suite des exercices de tir au concours des écoles du département de la Seine, en 1900 : l'école de Villejuif a obtenu deux diplômes de médailles de vermeil pour l'ensemble de ses tireurs ; cette récompense a été unique dans le département. Au même concours, deux élèves ont obtenu chacun une médaille de bronze.

Au championnat de tir des écoles de France, deux élèves ont été médaillés ; l'un a reçu uue médaille du Ministre de la guerre et a été classé troisième des écoles de Paris et de la banlieue.

Voici la situation financière de la Caisse pour l'exercice 1900-1901. Pour donner une idée du développement de cet institution, il suffira de faire connaître que les ressources étaient de 1.696 fr. 05 en 1898-1899, et de 2.382 fr. 10 en 1899-1900.

RECETTES

Espèces en caisse, solde de l'exercice précédent. .	797,45
Produit d'un concert et d'une quête par le Groupe socialiste	100,40
Dons.	20 »
Subvention de la commune pour 1900.	100 »
Cotisations encaissées	630,90
Levée des troncs (2e semestre 1900)	7,70
Produit de 9.179 rations servies par la cantine, aux enfants, contre versement de 0 fr. 10. . . .	917,90
	2.574,35

DÉPENSES

Subvention à la directrice de l'école des filles pour cours de dessin, couture, achat d'étoffe, etc.	75 »
Achat d'un lit de camp et de couvertures pour les enfants de l'école maternelle	40 »
Subvention au directeur de l'école des garçons pour le développement des cours de dessin, de tir et de gymnastique	100 »
Subvention aux instituteurs et institutrices afin de faciliter l'accès des classes de garde aux enfants pauvres.	100 »
Indemnité aux instituteurs et institutrices ayant dirigé les classes de vacances.	50 »
Achat de 144 paires de chaussures	275,55
A reporter.	640,55

Report.	640,55
Achat de maillots et de bas.	57,85
Matériel pour la cantine. Sacoche et képi du receveur.	31,65
Imprimés, petits débours d'administration, appointements du receveur	76,50
Aliments pour la cantine et frais de service. . . .	1.332,10
Espèces en caisse au 1er avril 1901	435,70
	2.574,35

Il n'y a pas de *Société de secours mutuels* à Villejuif.

Mutualité scolaire. — Une Société scolaire de secours mutuels et de retraite des écoles communales laïques, maternelles, de filles et de garçons du canton de Villejuif, a été approuvée par arrêté ministériel du 24 février 1900. Elle a commencé à fonctionner d'une manière effective le 1er octobre suivant. Son siège social est installé à l'école communale des garçons de Villejuif.

Le but de la Société est :

1° De venir en aide aux sociétaires en leur payant une indemnité en cas de maladie ;

2° De constituer en faveur des membres participants, conformément au décret du 26 avril 1856 et à la loi du 1er avril 1898, un capital de retraite inaliénable, destiné à leur servir des pensions de retraite ;

3° D'établir au profit de chacun d'eux *les premiers éléments d'un livret personnel de retraite à capital réservé ;*

4° De leur assurer l'appui moral et fraternel des anciens élèves et de les seconder dans leur placement professionnel ;

5° De faciliter aux membres participants qui changeraient de résidence leur admission dans toutes les autres Sociétés approuvées de secours mutuels ;

6° D'assurer aide et protection aux orphelins.

Le tout dans la mesure et aux conditions des statuts.

La Société se compose de membres participants et de membres honoraires.

Les membres participants, ou, s'ils sont mineurs, leurs parents pour eux, s'engagent à payer régulièrement les cotisations.

La cotisation hebdomadaire est fixée à 0 fr. 10 dont la moitié, soit o fr. o5, est affectée à la constitution d'un livret personnel de retraite à capital réservé.

Elle doit être payée le lundi de chaque semaine et est exigible à partir du premier lundi qui suit la demande d'inscription.

En cas de non-admission après le stage fixé, les sommes versées sont rendues.

Les sociétaires ont toujours la possibilité de payer leurs cotisations d'avance, sans que pourtant cette avance puisse excéder une année.

Pour le temps des vacances, les cotisations d'août sont payées fin juillet, celles de septembre le sont le premier lundi d'octobre.

Le minimum de la cotisation des membres honoraires est de deux francs par an.

Un versement minimum de cinquante francs effectué en une fois donne droit au titre de membre honoraire perpétuel.

Un versement minimum de cent francs effectué en une fois donne droit au titre de membre fondateur.

Voici les avantages que la Société procure à ses membres :

Après le stage de trois mois et l'admission définitive, une indemnité de o fr. 5o par jour pendant le premier mois et de o fr. 25 par jour pendant les deux mois suivants, est payée au sociétaire malade ou à ses parents s'il est mineur.

Pendant le cours de la maladie, le sociétaire peut, chaque semaine, demander le versement de l'indemnité à laquelle il a droit.

Le payement s'effectue au siège de la Société : 1° sur la présentation du livret en règle; 2° sur l'attestation délivrée sur feuille spéciale par le médecin traitant de l'état de la maladie et de sa durée.

En cas de maladie, le sociétaire doit immédiatement, et par écrit, prévenir le secrétaire de la Société.

Les soins médicaux et pharmaceutiques ne sont pas fournis par la Société. Une indisposition de moins de quatre jours ne donne pas droit à l'indemnité. Si la maladie se prolonge plus de trois mois, le Conseil décide si une indemnité peut encore être accordée; il en fixe l'importance et la durée selon les ressources de la Société. En tout cas, il ne peut être alloué au sociétaire malade plus de soixante francs dans l'espace de douze mois consécutifs. Toute maladie réputée chronique ne donne plus droit à l'indemnité.

Les indemnités non réclamées dans le délai d'un mois après la maladie sont acquises à la Société.

Aucun secours n'est dû pour les maladies résultant de la débauche ou de l'intempérance, non plus que pour blessures reçues dans une rixe si le blessé a été l'agresseur, ou dans une émeute dans laquelle il aurait pris une part volontaire.

Aucun secours n'est accordé pour cause de chômage.

La Société ne pourvoit pas aux frais funéraires occasionnés par le décès de ses membres participants, mais une couronne est offerte par ses soins et la dépense en est imputée sur un crédit spécial prévu à cet effet.

Les obligations envers la Société et les avantages qui en résultent sont de droit suspendus pendant la période militaire active du sociétaire.

Au 1er octobre 1901, la Société comptait 801 membres participants.

Les membres honoraires avaient, à la même date, versés 426 francs; les fonds recueillis pour la caisse de retraite s'élevaient à 1.726 fr. 10; pour la caisse de secours à 1.578 francs.

Il a été dépensé 3.730 fr. 10 :

Secours accordés aux participants	525,70
Frais d'administration et d'imprimés.	225,20
Remboursement	3,55
En caisse chez le trésorier	475,65
Déposé à la Caisse des dépôts et consignations. . .	2.500 »
	3.730,10

L'avoir disponible, pour faire face aux demandes de secours et aux frais divers, s'élève à 1.249 fr. 55.

37 garçons et 21 filles des écoles de Villejuif font partie de la Société.

§ II. — ENSEIGNEMENT

École de garçons. — L'école de garçons, située rue de Montrouge, comprend 4 classes primaires élémentaires qui ont été fréquentées, en 1899-1900, par 206 enfants de 6 à 13 ans et 3 de plus de 13 ans au 1er janvier de l'année scolaire. Le 2 décembre 1899, 186 élèves étaient présents à l'école et 181 le 2 juin suivant.

Au cours de l'année scolaire, 22 d'entre eux ont fréquenté une autre école.

Elle est tenue par 1 directeur, 2 instituteurs titulaires et 1 stagiaire.

École de filles.— Cette école, qui fait partie du même groupe que celle des garçons, comprend 3 classes primaires élémentaires qui ont été fréquentées par 177 enfants dont 174 âgées de 6 à 13 ans et 3 de plus de 13 ans au 1er janvier de l'année scolaire.

Le 2 décembre 1899, 159 élèves étaient présentes à l'école et 154 le 2 juin suivant.

Au cours de l'année scolaire, 26 d'entre elles ont fréquenté une autre école.

Le personnel enseignant est composé de 1 directrice déchargée de classe, de 3 institutrices titulaires et 4 stagiaires.

École maternelle. — Cette école comprend 1 classe maternelle qui a été fréquentée, pendant l'année 1899-1900, par 54 garçons et 48 filles de moins de 6 ans, et 30 garçons et 25 filles de 6 ans et au-dessus.

Le 2 décembre 1899, 95 enfants étaient présents à l'école et 118 le 2 juin suivant.

L'école est tenue par 1 directrice.

Classes de garde. — Des classes de garde ont lieu, chaque jour, de 4 heures à 6 heures, dans les 2 écoles. Elles sont fréquentées assidûment par 35 enfants environ.

La commune dépense pour cet objet 200 francs et la Caisse des écoles 100 francs. En outre, chaque enfant non indigent doit, pour être admis à assister à ces classes, verser entre les mains de l'instituteur qui en est chargé 5 francs par mois.

Classes de vacances. — Des classes de vacances ont lieu dans les 2 écoles pendant 1 mois, généralement du 15 août au 20 septembre. Elles réunissent 40 enfants environ dans chaque école.

La dépense s'élève à 200 francs pour la commune et 50 francs pour la Caisse des écoles.

Enseignement du chant, du dessin, de la gymnastique. — Le chant est enseigné par le directeur de l'école de garçons, dans les deux écoles ; il reçoit un traitement annuel de 250 francs ; c'est lui qui enseigne le dessin à l'école des garçons, moyennant une indemnité de 100 francs par an. Enfin, il fait le dimanche des cours d'agriculture dans un jardin dépendant de la mairie, que la commune met à sa disposition pour cet usage. Il reçoit pour ce travail une indemnité de 200 francs par an, fournis par le département et par la commune.

A l'école de filles ont lieu des cours de coupe, professés par la directrice de cette école à qui on alloue, à cet effet, une somme de 100 francs par an.

Enfin un professeur de gymnastique reçoit 350 francs par an.

Admissions dans les écoles primaires supérieures et professionnelles de la Ville de Paris. — En 1900, aucun enfant de la commune n'a concouru pour l'admission dans ces écoles.

Dons et legs faits aux écoles. — Il n'a été fait aucun legs aux écoles, mais chaque année des livrets de Caisse d'épargne, dont le total atteint et dépasse parfois 300 francs, sont donnés pour être distribués en prix aux enfants les plus méritants.

Cantine scolaire. — Depuis deux ans, la Caisse des écoles a créé une cantine qui fonctionne dans une des salles du groupe scolaire. De novembre à Pâques, on distribue aux enfants, moyennant une rétribution de 0 fr. 10 par portion, au repas de midi, de la viande et des légumes. Les enfants portent leur pain et leur boisson. Désormais des portions gratuites seront données aux enfants des familles indigentes.

On distribue en moyenne 120 portions par jour. En 1899-1900, il en a été distribué 5.046 et, en 1900-1901, 9.179. Le prix de revient est de 0 fr. 145 par portion.

La Caisse des écoles a fait les frais d'acquisition du matériel, composé, outre les ustensiles de cuisine, de gamelles et timbales, cuillers et fourchettes.

Les denrées sont achetées à des fournisseurs qui traitent avec une commission de la Caisse des écoles ; la réception des marchandises est faite par un membre de cette commission, désigné à tour de rôle.

Les aliments sont préparés par la concierge des écoles à qui on alloue une somme de 1 franc par jour pour ce service.

On a vu au compte de la Caisse des écoles les dépenses et les recettes qu'a entraînées le service de la cantine.

Bibliothèque scolaire. — Dans chaque école, il existe une bibliothèque scolaire composée de 300 volumes à l'école de garçons et de 250 à celle des filles.

Bibliothèque pédagogique.— La bibliothèque pédagogique du canton, installée à l'école de garçons, renferme 618 volumes.

Il n'y a pas d'œuvres post-scolaires à Villejuif.

§ III. — VOIRIE

La longueur des voies de communication qui sillonnent le territoire de la commune est de :

1 route nationale	3.000	»
1 route départementale	620	»
2 chemins vicinaux de grande communication	3.850	»
9 chemins vicinaux ordinaires	6.715	»
67 chemins ruraux	24.795	»
Voirie urbaine (31 rues)	8.500	»
Total	47.480	»

Route nationale.— La route nationale *n° 7, de Paris à Antibes*, qui a sur le territoire de la commune un parcours de 3,000 mètres, comporte : entre les fortifications et le chemin de grande communication n° 54, 1 chaussée de 10 mètres de largeur, 2 contre-allées de 12 mètres, plantées d'une file d'arbres ; chaque contre-allée comporte un terre-plein de 3 m. 85 de largeur sur lequel circule le tramway ; enfin 2 trottoirs de chacun 2 mètres de largeur longent les habitations qui bordent la route. Cette voie a donc une largeur totale de 38 mètres.

Entre le chemin n° 54 et Villejuif, la route a le même profil que ci-dessus avec cette différence que la chaussée n'a plus que 8 mètres de largeur et que le terre-plein du tramway a 4 m. 85 au lieu de 3 m. 85 comme précédemment. C'est dans ce parcours que se trouve la montée dite Côte de Villejuif, pour la mise en état de laquelle des travaux ont été exécutés en 1899 et dont le prix a été couvert par un emprunt.

Dans la traverse de l'agglomération, la largeur de cette voie varie entre 14 mètres et 8 mètres.

Au delà de l'agglomération et jusqu'à la limite de la commune, la chaussée a 7 mètres de largeur et est encadrée de 2 trottoirs de 9 m. 18 de large, plantés chacun de 2 files d'arbres. Au delà, les trottoirs ne sont plus plantés que d'une rangée d'arbres.

Route départementale. — En ce qui concerne la route départementale n° 26, cette voie n'a, sur le territoire de la commune, qu'un parcours de 620 mètres pendant lesquels elle forme la limite entre Villejuif et Arcueil. Sur cette étendue, elle est empierrée. Elle a une largeur de 12 mètres et comprend une chaussée de 6 mètres avec caniveau de 0 m. 70 chacun ainsi que 2 trottoirs plantés d'une rangée d'arbres.

Chemins de grande communication. — Le chemin de grande communication *n° 55, de L'Haÿ à Ivry*, a sur Villejuif un parcours de 2.100 mètres. Il part de la route départementale n° 26 à L'Haÿ, traverse la route nationale n° 7 à Villejuif, la route départementale n° 25 à Vitry, franchit à niveau, sur cette commune, la ligne de Paris à Orléans et a son terminus dans Ivry à la route nationale n° 10.

Sur le territoire de Villejuif, la chaussée a une largeur de 6 mètres ; elle est pavée et bordée à partir du rond-point de Villejuif de trottoirs plantés.

Le chemin de grande communication *n° 61, de Vanves à Ivry*, part du chemin de grande communication n° 50, dessert les territoires de Malakoff, de Montrouge et de Gentilly. Sur le territoire de Villejuif qu'il traverse ensuite, il a un parcours de 1.750 mètres, pendant lesquels la chaussée, partie empierrée, partie pavée, a une largeur de 6 mètres et est bordée de trottoirs plantés.

Chemins vicinaux ordinaires. — Le réseau des chemins vicinaux ordinaires établis sur le territoire de Villejuif a une longueur totale de 6.715 mètres et se compose de 9 chemins, sur lesquels le tableau ci-après donne tous les détails :

TABLEAU

NUMÉROS	DÉSIGNATION DES CHEMINS	LONGUEUR	ORIGINE	FIN	LARGEUR moyenne TOTALE	CHAUSSÉE	CHAUSSÉE NATURE	ÉTAT	OBSERVATIONS
		m.			m.	m.			
1	DES HERBEUSES...	475	Route nation. n° 7.	Territoire de Vitry.	12	6 6	Pavée. Empierrée.	bon id.	Pavée sur 300 m. Empierr. sur 175 m.
2	DE MALASSIS......	385	id.	d.	8	5	Empierrée.	Méd.	Pavée sur 600 m. Sol naturel sur 600 mètres.
3	D'ARCUEIL........	1.200	Chemin vicin. ordin. n° 9.	Territoire d'Arcueil.	8,29	4 3	Pavée. En terre.	Mauv	
4	DE MONTSIVRY [1]...	705	Route nation. n° 7.	Chemin vicin. ord. n° 6.	10	5	Pavée.	Assez bon.	
6	DE CHEVILLY A BICÊTRE..........	2.410	Chemin vicin. n° 4.	Territoire de L'Haÿ.	8	4	Empierrée.	id.	
7	DE CHEVILLY A VITRY OU DU MONT	130	Route nation. n° 7.	Territoire de Vitry.	8	4	id.	id.	
8	DES BASSINS......	195	Chem. de gr. comm. n° 55	id.	10	5	id.	id.	
9	DES BOUTEILLES [2]	730	id.	Chem. de gr. comm. n° 61.	9, 80	5,65 4,85	id Pavée.	id.	Empierr. sur 430 m. Pavée sur 300 m.
10	DES PETITS-JARDINS	485	Chemin vicin. n° 1.	Route nation. n° 7.	6 et 8	5 4,50	Pavée.	id.	
	TOTAL.....	6.715							

Longueur totale à entretenir par la commune de Villejuif . . . . 6.115 mètres
Longueur à construire . . . . 600 —

TOTAL ÉGAL . . . . 6.715 mètres

En 1899, les recettes pour l'entretien de ces chemins se sont élevées à 22.737 fr. 84, dont 5.507 fr. 08 de recettes extraordinaires, y compris une subvention de 3.034 fr. 84 allouée par le département; les dépenses à 11.870 fr. 50.

Dans cette même année, il n'a été exécuté sur ces voies aucun

1. Le chemin vicinal n° 5 de L'Haÿ à Paris d'une longueur de 700 mètres a servi à former la route départementale n° 26 de Paris à Fresnes.

2. *Assainissement.* — Égout rue d'Amont.

travail neuf ; un projet de classement d'un chemin vicinal ordinaire et de mise en viabilité de la rue du Moutier a été préparé à cette date ; la dépense a été prévue pour 20.000 francs.

Chemins ruraux. — Ces chemins, au nombre de 67, ont une longueur totale de 24 kil. 795 ; 11 sont reconnus. Leur entretien est effectué par les cantonniers.

Voirie urbaine.—Les voies urbaines, au nombre de 31, ont une longueur totale de 8.500 mètres. Leur entretien a été adjugé le 27 février 1897 pour une durée de 5 ans (du 1er février 1897 au 31 décembre 1902), moyennant un prix de 700 francs par an et un rabais de 4 %. La somme prévue est rarement dépensée.

Dans le courant de 1900, on a mis en état de viabilité la rue Bobillot.

A cette date, il n'existait d'autre projet en préparation que l'ouverture d'une rue dans le parc de la comtesse de Saint-Roman.

Prestations. — Par suite de l'insuffisance des recettes ordinaires de la commune, applicables à l'entretien des chemins vicinaux, le Conseil municipal vote, chaque année, trois journées de prestations en nature dont la valeur en argent est appréciée par le Conseil d'arrondissement et le Conseil général.

Le rôle de l'année 1901 comporte 793 articles imposés, se décomposant comme suit :

2.694 journées d'homme à 2 francs.	5.388 »
1.107 journées de cheval à 2 fr. 25.	2.490,75
27 journées d'âne à 0 fr. 75	20,25
933 journées de voiture à 2 fr. 25.	2.099,25

Sur ce nombre de journées, ont été faites en nature :

7 journées d'homme ;
3 journées de cheval ;
2 journées d'âne ;
4 journées de voiture.

Balayage et enlèvement des boues. — Les habitants sont tenus de balayer deux fois par semaine au droit de leur propriété. Le dimanche et le mercredi, l'enlèvement des boues a lieu dans toutes les rues de la commune. Ce service est assuré par un entrepreneur, moyennant un prix de 2.000 francs par an.

Droits de voirie et de statationnement. — Les droits de voirie, perçus en vertu d'un tarif qu'on trouvera aux Annexes, ont produit en 1900 : 671 fr. 75.

Un arrêté du 16 mars 1901, approuvé le 10 juillet suivant, a établi un droit de 0 fr. 50 par collier et par jour sur les voitures publiques stationnant sur le territoire de la commune, pour y prendre ou laisser des voyageurs. Ce droit produit de 15 à 20 francs par jour de visite à l'asile.

Il n'y a sur le territoire de Villejuif ni *Canal*, ni *Pont*, ni *Cours d'eau*.

Égouts. — Anciennement, un seul égout, qui existe encore et a 800 mètres de longueur et passe sous la ruelle Baron et sous la route nationale n° 7, servait à assainir Villejuif. Il amenait les eaux dans un puits établi à proximité de cette dernière route, au point où se trouve aujourd'hui le réservoir de la Ville de Paris. Cet égout n'est plus utilisé.

Actuellement, les eaux d'égout de la commune sont envoyées dans Paris par la porte d'Italie au moyen d'une artère qui passe sous la route nationale n° 7. Cette artère a son origine à la rue de L'Haÿ (chemin de grande communication n° 55). Elle reçoit d'abord l'égout départemental de ce chemin (622 mètres), qui a sa tête à l'entrée de l'asile dont il reçoit les eaux, puis l'égout de la rue du Moutier (335 mètres), dans lequel aboutissent deux tronçons établis sous la rue d'Amont d'une longueur de 249 mètres.

L'ensemble des égouts utilisés sur Villejuif présente une longueur de 3.270 mètres se répartissant comme suit :

Égouts nationaux	Sous route nationale.	2.064	2.172 m.
	Sous voie communale.	108	
Égouts départementaux, sous chemin de grande communication			622 m.
Égouts communaux			476 m.
			3.270 m.

En vertu d'abonnements contractés, la commune fait curer ses propres égouts par le service départemental au tarif d'un arrêté préfectoral réglementaire du 4 mai 1860. Il en est résulté pour elle, en 1899, une dépense de 523 francs. Ce prix comprend le curage des branchements de bouches qui ne sont pas comptés ci-dessus, ce qui donne un prix unitaire de 1 franc par mètre courant, comprenant la fourniture de l'eau et le transport des détritus.

Le curage des égouts d'intérêt général est en principe à la charge de la commune; mais il est exécuté par le département qui ne recouvre sur celle-ci qu'une partie de la dépense. En 1900, Villejuif a contribué pour une somme de 529 francs.

Distance de Paris. — La distance de Paris (parvis Notre-Dame) à Villejuif (mairie) est de 9 kilomètres, en suivant la route nationale n° 7.

Distance des autres communes du canton :

Arcueil-Cachan est à 3 kilomètres 400;
Chevilly est à 3 kilomètres 500;
Fresnes est à 6 kilomètres 200;
Gentilly est à 3 kilomètres 800;
Kremlin-Bicêtre est à 2 kilomètres 750 ;
L'Haÿ est à 2 kilomètres 800 ;
Rungis est à 6 kilomètres 200.

Moyens de transport. — La commune n'est desservie que par une seule ligne de tramways à traction animale, le tramway Châtelet-Villejuif, qui suit le trajet suivant et dont le prix des places est fixé conformément au tableau qu'on trouvera ci-après. Cette ligne suit dans Paris l'avenue Victoria, la rue Saint-Martin, le pont Notre-Dame, la rue de la Cité, le parvis Notre-Dame, le pont au Double, la rue Lagrange, la place Maubert, la rue Monge, l'avenue des Gobelins, la place d'Italie, l'avenue d'Italie, la porte d'Italie, la route de Fontainebleau ; elle traverse Bicêtre et aboutit à Villejuif.

	1re CLASSE		2e CLASSE	
	fr.	cent.	fr.	cent.
Villejuif-Bicêtre (1re section)	»	10	»	05
Bicêtre-Barrière (2e section)	»	10	«	05
Barrière-Châtelet :				
a. — Sans correspondance	»	30	»	15
b. — Avec correspondance	»	30	»	30

Le premier départ de Villejuif a lieu à 5 heures 1/2 le matin et le dernier à 10 h. 20 le soir. La dernière arrivée dans la commune a lieu à 12 h. 20.

Chaque voiture contient 47 places ; la durée du trajet est de 55 minutes.

Un projet de prolongement de cette ligne jusqu'à l'asile est à l'enquête. Les prix pour cette section seraient de 0 fr. 10 en 1re classe et 0 fr. 05 en 2e classe.

Éclairage. — Villejuif est éclairé au gaz, dont les conditions de fourniture ont été réglées par un traité passé entre la commune et la Compagnie parisienne du gaz, à la date du 15 novembre 1866, revisé le 24 mai 1896 et qui doit prendre fin le 31 décembre 1905.

Aux termes de cet acte, la commune concède à la Compagnie le droit exclusif de conserver et d'établir des tuyaux pour la conduite du gaz d'éclairage et de chauffage sous les voies publiques et règle les conditions auxquelles sera fourni le gaz pour l'éclairage public et privé et pour le chauffage.

L'éclairage public comprend celui de toutes les voies publiques existantes lors de la signature de l'acte et celles à créer ainsi que celui de tous les établissements municipaux et militaires désignés par l'autorité administrative. Le prix du gaz consommé pour cet éclairage est fixé à 0 fr. 175 le mètre cube pour les consommations constatées au moyen du compteur. Pour l'éclairage à l'heure, le prix est calculé d'après la série des becs employés et la durée de l'éclairage conformément à des données inscrites au traité.

Les heures d'allumage et d'extinction des becs sont déterminées par le maire. Tout ce qui est relatif aux agents et au matériel ainsi qu'à l'exécution des travaux est réglé d'après les bases prévues au contrat.

En ce qui concerne l'éclairage particulier, la Compagnie n'est tenue de fournir le gaz qu'autant qu'il a été contracté un abonnement de trois mois au moins, d'après une police d'un modèle déterminé et pourvu que le payement du gaz consommé ait lieu par mois, d'avance, à raison de 7 francs par brûleur. Le gaz est fourni aux abonnés, soit au compteur, soit au bec et à l'heure. Dans le premier cas, le prix est fixé à 0 fr. 35 pour toute la durée de la concession. Quant au prix de vente du gaz livré à l'heure, il est débattu de gré à gré entre la Compagnie et ses abonnés.

En ce qui concerne l'application du gaz au chauffage, la Compagnie est tenue de se conformer aux mesures qui lui sont prescrites par l'administration municipale, sous la réserve qu'elle ne doit fournir du gaz pour cet usage, pendant le jour, qu'autant que les quantités réclamées à cet effet équivalent au minimum au tiers du gaz employé à l'éclairage public et privé.

Enfin, un article contient la disposition suivante : à l'expiration du traité, c'est-à-dire le 31 décembre 1905, la commune de Villejuif deviendra propriétaire de plein droit et entrera de suite en possession des tuyaux, robinets, siphons, valves, regards et autres accessoires qui existeront alors sous la voie publique.

Le nombre des appareils éclairants existant actuellement est de 56. La consommation par mètre courant de conduite a atteint, en 1898, 54 mètres cubes 427.

Enfin, en 1900, la commune a dépensé pour l'éclairage au gaz 3.107 fr. 57 et 1.051 fr. 74 pour l'entretien des appareils.

Eaux. — La commune a traité, pour son alimentation en eau, avec la Compagnie générale des Eaux, aux termes d'un traité en date du 31 juillet 1857, qui doit prendre fin le 22 janvier 1919, et qui a été revisé le 19 décembre 1892.

Le tarif des abonnements a été fixé, par cet acte, de la manière suivante :

200 litres . . .	35 francs, soit. .	o fr. 48	le mètre cube
250 — . . .	50 — . .	o fr. 55	—
500 — . . .	90 — . .	o fr. 49	—
750 — . . .	120 — . .	o fr. 44	—
1.000 — . . .	150 — . .	o fr. 41	—
1.250 — . . .	180 — . .	o fr. 39	—
1.500 — . .	210 — . .	o fr. 38	—

Au 1er janvier 1899, le nombre des abonnements était de 342.

La commune reçoit gratuitement 1.000 litres d'eau par jour pour l'alimentation de la mairie et des écoles et le volume d'eau nécessaire pour une borne-fontaine par 500 habitants (population municipale).

Il existe 9 bornes-fontaines et 27 bouches de lavage pour lesquelles on fournit gratuitement 4.000 litres d'eau par jour.

Au coin de la Grande-Rue, non loin de la rue des Écoles, se trouve un réservoir qui servait à alimenter la commune avant l'installation de celui qui a été construit par la Compagnie des Eaux dans le triangle formé par la voie d'Arcueil, la voie de Chevilly et un chemin qui dessert la redoute des Hautes Bruyères.

La construction de ce dernier réservoir était prévue par une convention du 20 janvier 1894, intervenue entre le Préfet de la Seine et la Compagnie générale des Eaux. Cet ouvrage, construit à l'altitude 128, reçoit directement, avec celui de Montreuil, les refoulements des usines de la Seine (Choisy-le-Roi) et de la Marne (Neuilly-sur-Marne et Nogent-sur-Marne). Ils commandent toute la distribution pour les communes du département.

L'eau est refoulée par les usines dans ces réservoirs au moyen de canalisations maîtresses de gros diamètre (0 m. 800 et 0 m. 700 à Choisy, 0 m. 600 à Neuilly et Nogent). C'est ensuite de ces réservoirs que partent les grosses canalisations de distribution qui entourent la banlieue de Paris, l'une au Sud et à l'Ouest, l'autre à l'Est et au Nord-Est. Elles se rejoignent aux environs de Saint-Denis.

Aux extrémités du réseau, vers l'Ouest et le Nord, sont deux autres réservoirs, ceux de Puteaux et de Pierrefitte, établis sensiblement à la même cote ; ils sont destinés à recevoir le trop-plein des canalisations et à le rendre au moment des forts tirages, lorsque la pression vient à baisser dans les conduites.

Des réservoirs de secours sont placés à Châtillon et à Avron. Ils sont alimentés au moyen de refoulements de secours de gros diamètre (0 m. 700 à Choisy et 0 m. 600 à Neuilly).

D'autre part, des réservoirs secondaires sont situés sur les hauteurs de Fontenay, Robinson, Les Lilas, du plateau d'Avron et de Champigny. Ils sont alimentés par des usines de relais et permettent de desservir les points les plus élevés du département.

Enfin, une canalisation de 0 m. 600 et 0 m. 500 met en communication les deux réservoirs des Hautes Bruyères et de Montreuil par les ponts de Conflans et d'Ivry, permettant ainsi aux services d'eau de Seine et d'eau de Marne, de se porter un secours permanent.

Les canalisations, dont le diamètre varie de 0 m. 013 à 0 m. 800, ont une longueur totale de 1.015.282 mètres.

Un autre réservoir situé à l'altitude 100, à mi-côte, près de la route nationale (K. 6.800), un peu au-dessous du haut Villejuif, appartient à la Ville de Paris, et est affecté exclusivement à l'eau de Seine, destinée au service public dans l'intérieur de Paris.

Ce réservoir fait partie d'un réseau, dit supérieur, dont l'alimentation est fournie par l'usine élévatoire de Javel, et qui est commandé par un réservoir situé à Gentilly. Ce réseau comporte trois groupes de réservoirs : au Sud (Villejuif et Gentilly), au Nord-Ouest (Passy), et au Nord-Est (Charonne), qui sont en communication par le réseau de distribution et se soutiennent mutuellement. En outre, entre Passy et Charonne et vers le milieu de la ligne de fonction, se trouve la « bâche Saint-Pierre » où aboutissent les conduites de refoulement de Bercy. Le plus considérable de ces réservoirs est celui de Villejuif, qui doit recevoir une capacité de 50.000 mètres cubes, mais dont la moitié seulement a été construite en 1881-1883. Cette moitié, divisée en deux compartiments rectangulaires égaux, a d'ailleurs tous les organes accessoires d'un réservoir complet. La bâche circulaire occupe le point central de l'ouvrage, tel qu'il a été projeté, de manière à commander plus tard les quatre compartiments. A raison des terrains sur lesquels il a été assis, terrains susceptibles d'être délayés par l'eau (marnes du gypse), et quoique entièrement en déblai, ce réservoir a été drainé avec un soin tout particulier par l'établissement d'un double radier percé dans deux sens rectangulaires de galeries à section elliptique en communication avec un égout, et où aboutissent toutes les eaux d'infiltration : ces galeries servent d'ailleurs au passage de toute la canalisation de service.

Les deux bassins sont couverts de voûtes en briquettes, portant une couche de terre gazonnée, dont les piles-culées sont très allongées et séparées des murs de pourtours par un intervalle, dispositif déjà appliqué antérieurement, afin d'éviter toute poussée dangereuse sur ces murs. La profondeur de ces bassins est de 5 mètres, leur trop-plein établi à l'altitude de 89 mètres. Ils ont coûté 1.470.000 francs avec les terrains annexes, galeries, etc. (Pour le réservoir de Gentilly, voir cette commune.)

§ IV. — JUSTICE ET POLICE

Justice de paix. — La commune est le siège d'une justice de paix, pour toutes les communes du canton.

Les audiences de conciliation sur lettre ont lieu à la mairie le vendredi de chaque semaine, à 1 heure.

Les audiences de conciliation sur citations ont lieu le mardi au même local, à la même heure ; celles de simple police, le 4e vendredi, aussi à 1 heure.

Enfin, les conseils de famille se réunissent le vendredi à 1 h. 1/2.

Officier ministériel. — Il y a, à Villejuif, un seul officier ministériel, un huissier.

En ce qui concerne les notaires, l'article 3 de la loi du 12 avril 1893, portant augmentation du nombre des circonscriptions cantonales des arrondissements de Saint-Denis et de Sceaux, dispose que ces officiers continueront d'exercer leurs fonctions dans toute la circonscription de la justice de paix.

La commune dépend du 3e bureau des hypothèques de la Seine.

Le bureau de l'enregistrement est situé à Villejuif, Grande-Rue, n° 3.

Commissariat et agents de police. — La commune dépend du commissariat de police du Kremlin-Bicêtre, qui comprend 1 commissaire de police, 1 secrétaire, 1 brigadier et 38 sergents de ville.

Aux termes d'un décret en date du 16 février 1892, relatif à l'organisation des commissariats de police du département de la Seine (Paris excepté), celui-ci a dans sa circonscription les communes de Gentilly, Arcueil, Kremlin-Bicêtre, Villejuif.

2 agents de ce commissariat se tiennent en permanence à Villejuif, dans un local dépendant de la mairie. Un poste de police est sur le point d'être installé, avenue de Paris, n° 54 ; il sera composé de 2 agents.

La proportion dans laquelle chaque commune contribue aux dépenses de police est fixée par le Préfet du département de la Seine, en Conseil de préfecture, en exécution de l'article 3 de la loi du 10 juin 1853.

Enfin, d'après l'article 3 de la loi du 30 décembre 1873, les dépenses de police doivent être prélevées sur les recettes attribuées à chaque commune sur les produits de l'octroi de banlieue.

La somme perçue de ce chef, en 1900, par la commune de Villejuif, s'est élevée à 14.942 francs, et ses dépenses à 5.057 francs.

Gendarmerie. — Une brigade à cheval est stationnée à Villejuif ; son casernement se trouve, Grande-Rue, n° 104.

Cette brigade a, dans sa circonscription, la surveillance des des communes de Villejuif, Chevilly et L'Haÿ.

Gardes champêtres. — Il y a deux gardes champêtres ; l'un d'eux remplit en même temps les fonctions d'appariteur.

Messiers. — Il n'y a pas de messiers à Villejuif.

§ V. — CULTES

Paroisse. — Villejuif constitue une cure dont le titulaire reçoit un traitement annuel de 1.200 francs.

Il est assisté d'un vicaire qui reçoit 450 francs payés sur le budget de l'État, et 1.640 francs sur celui de la fabrique.

Budget de la fabrique. — Conformément à l'article 3 du décret du 30 décembre 1809, le chiffre de la population étant supérieur à 5.000 habitants, le conseil de fabrique est composé de 9 membres.

Voici le compte de cet établissement pour 1899-1900 :

RECETTES

Produit des biens	1.028 »
— des rentes avec ou sans fondation	1.036,95
— de la location des chaises	910,35
— des quêtes pour les frais du culte	231,25
Part revenant à la fabrique dans les droits perçus sur les services religieux suivant tarif. — Mariages, convois et services	1.093,50
Produit des frais d'inhumation, monopole ou remises des pompes funèbres	4.390,40
Produit de la cire et du luminaire revenant à la fabrique	1.105,40
Excédent de recettes de l'exercice 1898	2.341,40
Total	12.137,25

DÉPENSES

Objets de consommation pour les frais ordinaires du culte	844,45
Réparation d'ornements, vases, etc.	896,35
Honoraires des prédicateurs	165 »
Maîtrise	1.456,35
Entretien de l'église et du presbytère	2.101,17
Traitement du vicaire	1.640 »
Logement du desservant	1.200 »
Charges des fondations	279 »
Charges des biens	28,85
Frais d'administration	118,20
Un 10e du produit net de la location des chaises pour la Caisse de secours des prêtres âgés et infirmes	103,70
Total	8.833,07
Soit un excédent de recettes de	3.304,18

Fondations. — Par convention sous seings privés du 26 décembre 1878, Mme Denise-Marie Moncouteau, Ve Cretté, a légué à la fabrique 75 francs de rente 3 °/o pour fondation de services religieux. L'acceptation a été autorisée par décret du 12 mai 1879.

Mlle Angélique-Louise Chevalier a donné, par convention sous seings privés du 10 juillet 1881, une somme de 75 francs de rente pour fondation de services religieux. L'acceptation a été autorisée par décret du 17 mai 1882.

Mlle Marie-Josèphe-Justine Flour a légué, pour fondation de messes, 60 francs de rente aux termes de son testament public du 19 mars 1880. L'acceptation résulte d'un décret en date du 12 février 1883.

M. Petit-Pierre Clément a légué, par codicille olographe du 25 décembre 1883, 200 francs de rente sur l'État pour fondation de services religieux. L'autorisation d'accepter a été donnée par décret du 9 juillet 1890.

En outre des fondations qui viennent d'être énumérées, il en existe cinq autres sur lesquelles il n'a pas été possible de se procurer de détails, mais qui sont antérieures aux précédentes:

Fondation	Cochois.	6	messes basses.
—	Godfroy.	12	—
—	Tinteniac	7	—
—	Saint-Roman . .	12	—
—	Pruvost.	2	—

Congrégations. — Les sœurs de Saint-Joseph de Cluny, au nombre de 11, dirigent une école de filles et un pensionnat situés rue d'Amont (voir p. 70).

§ VI. — SERVICES DIVERS

Poste, télégraphe, téléphone. — Le bureau de poste qui comprend, en outre, les services télégraphique et téléphonique, est installé Grande-Rue, n° 21. Il constitue un bureau de l'État dans les dépenses duquel la commune n'intervient qu'exceptionnellement.

Cependant, lors de la transformation du bureau qui était municipal en bureau de l'État, elle a eu à verser à ce dernier une somme de 1.050 francs pour frais de transformation.

On a dit, dans la première partie, à quelle date avait eu lieu l'installation du téléphone dans la commune.

Le bureau de poste où le service est assuré par 2 employés, 5 facteurs, 2 porteurs de dépêches, est ouvert tous les jours de 7 heures du matin en hiver et de 8 heures en été à 9 heures du soir.

On fait chaque jour 5 levées et 4 distributions. 7 boîtes aux lettres, non compris celle du bureau, sont placées aux adresses ci-après:

A la mairie, à la gendarmerie, à l'asile d'aliénés, Grande-Rue, n° 77, rue de la Pompe, avenue de Paris, n° 54 et n° 7.

Caisse d'épargne postale. — Voici le résumé des opérations effectuées, en 1900, à Villejuif par la Caisse nationale d'épargne postale:

119 livrets nouveaux ont été délivrés, représentant une somme de 24.296 fr. 50; 907 versements ont été effectués sur des livrets pris antérieurement pour une somme de 82.539 fr. 63.

Le nombre des remboursements s'est élevé à 244, représentant une somme de 82.456 fr. 32.

Sapeurs-pompiers. — La subdivision des sapeurs-pompiers de Villejuif se compose, à l'effectif complet, de 24 hommes, y compris le cadre composé de 1 sous-lieutenant, 2 sergents et 3 caporaux; en 1901, l'effectif n'est que de 19 hommes.

Voici les sommes qui figurent au compte de 1900 pour les sapeurs-pompiers:

Achat et entretien du mobilier.	85 »
Solde des tambours et clairons.	75 »
Assurances, secours et pensions en faveur des sapeurs-pompiers, de leurs veuves ou de leurs enfants.	148,95
Habillement et équipement.	150 »
Entretien des pompes et accessoires	700 »

Les pompiers sont exonérés de l'impôt des prestations.

La commune a contracté au profit des sapeurs-pompiers une assurance aux termes d'un contrat en date du 5 mai 1898 pour une durée de 10 ans, et moyennant une prime annuelle calculée à raison de 5 fr. 50 par homme. En cas de décès, la Compagnie assureur aurait à payer une somme de 8.000 francs et des sommes variant entre 2.000 et 8.000 francs, en cas de blessures, selon leur gravité. Enfin, elle payerait une indemnité journalière de 3 francs pendant une période de 90 jours en cas d'incapacité de travail. Cette assurance paraît faire double emploi avec celle qui résulte de la destination qui a été donnée, par la loi du 13 avril 1898, au produit de l'impôt de 6 francs par million de valeurs assurées que cette loi a établi au profit des sapeurs-pompiers.

Aux termes de l'article 59 de cette loi, le produit de cet impôt doit être réparti entre les communes pourvues d'un corps de sapeurs-pompiers conformément à un barème dressé en tenant compte de l'effectif des Compagnies et du chiffre de la population de chaque commune.

Villejuif a reçu, de ce chef, en 1900, 117 francs. Cette somme doit être employée à contracter une assurance à la Caisse nationale d'assurance contre les accidents, en vue de l'attribution de pensions aux sapeurs-pompiers, en cas de blessures ou d'accidents graves entraînant l'incapacité permanente de travail, à leurs veuves et orphelins mineurs en cas de décès par suite d'accidents en service.

Le surplus de la subvention est employé à donner des secours pour soins médicaux et interruption de travail par suite d'accidents en service, à donner des secours annuels renouvelables aux pompiers ayant au moins vingt-cinq ans de service et soixante-cinq ans d'âge, à l'achat et à l'entretien du matériel d'incendie.

Depuis cette législation, l'incapacité temporaire de travail, l'incapacité relative et les soins médicaux et pharmaceutiques, ainsi que les frais funéraires, sont seuls à la charge des communes.

Le matériel d'incendie se compose notamment de 3 pompes, dont 2 sont remisées à la mairie et 1 rue de la Pompe, n° 1, dans un local appartenant à la Ville de Paris et mis gracieusement à la disposition de la commune.

Il n'y a à Villejuif ni *marché* aux comestibles ni *marché* aux fourrages.

Pompes funèbres. — La fabrique de l'église de Villejuif exploite elle-même le monople des fournitures pour convois funèbres qu'elle tientdes décrets des 23 prairial an XII et 18 mai 1806.

Ces fournitures sont faites dans la plupart des cas par la fabrique qui possède un matériel et par l'entreprise des Pompes funèbres générales au nom de la fabrique quand ce matériel est insuffisant. A cet effet, une convention a été passée entre l'établissement religieux et cette Société à la date du 10 mai 1898; cet acte ne devait être valable que pour une durée d'un an à partir du 1er août suivant. Il n'a pas été soumis à l'approbation préfectorale. Des pourparlers sont actuellement engagés entre la fabrique et le Conseil municipal et la fabrique et l'entreprise des Pompes funèbres générales pour établir un tarif régulier de fournitures et passer un traité.

Le règlement des convois a lieu au presbytère quand il s'agit de convois catholiques et à la mairie pour ceux des cultes dissidents

Le transport des corps se fait par corbillard. Il n'y a pas d'ordonnateur; il y a 4 porteurs qui sont payés par les familles à raison de 3 francs par convoi et par le budget municipal, au même prix quand il s'agit de convoi d'indigent.

Le fossoyeur est nommé par le maire et payé par les familles d'après un tarif qu'on trouvera aux Annexes. Il reçoit sur le budget municipal 5 francs par fosse d'indigent.

L'exploitation du monopole a produit, d'après le compte de la fabrique en 1900: 4.390 fr. 40

Il n'existe pas dans le département de la Seine de tarif diocésain approuvé, pour les cérémonies religieuses. On applique le plus souvent le tarif de Paris, approuvé en 1859. D'après le compte de la fabrique, le produit de cette perception s'est élevé en 1900 à 1.093 fr. 50,

Bureaux de tabac. — Deux bureaux, situés Grande-Rue, n° 77, et avenue de Paris, n° 54.

Bibliothèque municipale. — La bibliothèque municipale comporte seulement le prêt à domicile. Elle est installée dans une des salles de la mairie, et ouverte tous les jours de 8 heures du matin à 5 heures du soir, c'est-à-dire pendant les heures où sont ouverts les bureaux; le dimanche, elle est ouverte jusqu'à midi.

Les fonctions de bibliothécaire sont remplies par un employé de la mairie, qui reçoit une indemnité de 120 francs par an.

Le nombre des lecteurs inscrits est de 197 et les volumes de 1.124.

Voici la statistique des prêts par catégories d'ouvrages pour l'année 1900:

Sciences Arts et Enseignement	Histoire	Géographie et Voyages	Agriculture	Littérature Poésie Théâtre	Romans Contes	Bibliothèque enfantine	Total
35	10	25	»	12	293	22	397

Archives. — Les archives installées dans la mairie contiennent:

Les registres paroissiaux depuis 1593 sans lacunes; il convient cependant de signaler que le registre qui va de 1693 à 1698 a été détérioré par l'humidité et est d'une lecture difficile; les autres sont en bon état ; les registres de l'état civil depuis 1792, ceux des délibérations du Conseil municipal, dont la première porte la date du 28 février 1790. On trouve, dans le registre qui contient les délibérations de 1793-1794, un certain nombre de copies de certificat de civisme qui étaient délivrés mensuellement à des ci-devant nobles ou prêtres, par le procureur syndic de la commune;

Un registre des délibérations du Comité communal pour l'instruction primaire de 1834 à 1847;

Et enfin les titres des propriétés communales.

§ VII. — PERSONNEL COMMUNAL

NOMBRE	EMPLOIS	TRAITEMENT
1	Médecin de l'état civil ... } Fonctions remplies par le même	400 francs
1	— du Bureau de bienfaisance ...	200 —
1	Secrétaire de la mairie (logé)	2.700 —
2	Employés { 1 à 1.300 ; 1 à 1.000	2.300 —
1	Receveur municipal (percepteur d'Ivry)	1.742 —
1	Architecte voyer	400 —
2	Cantonniers, chacun	1,560 —
2	Gardes champêtres { 1 à 1.200 ; 1 à 1.000	2.200 —
1	Concierge de la mairie (logé)	660 —
1	— du groupe scolaire (logé)	700 —
1	Femme de service à l'école maternelle	600 —

III. — RENSEIGNEMENTS DIVERS

Fêtes locales. — Il y a deux fêtes locales : l'une dite fête du Haut-Villejuif a lieu en juin ; elle dure 3 dimanches consécutifs et se tient à l'extrémité de la Grande-Rue, près de la station du tramway. L'autre est la fête du Bas de la Côte, dite aussi fête des Vendanges. Elle a lieu en septembre ; elle dure aussi 3 semaines et se tient principalement avenue de Paris, entre le n° 2 et le n° 34.

Il n'y a pas de *foire* ni de *courses de chevaux*.

Principales industries. — La situation de la commune, par suite de l'insuffisance des moyens de communication, n'est pas favorable au développement industriel et commercial. La route nationale de Paris à Antibes traverse cependant l'agglomération ; c'est vraisemblablement à ce fait que Villejuif doit son importance dans le passé, importance qu'il a conservée, au moins comme division administrative ; en effet, la commune est chef-lieu de canton et siège d'une justice de paix. Mais le commerce et l'industrie pour le transport de leurs produits n'empruntent plus les routes, et n'utilisent plus le roulage, comme on disait, que dans des cas exceptionnels.

Aussi, les établissements industriels n'y sont pas nombreux : en haut de la côte, qui, du côté de Paris, mène à Villejuif, il n'y a que deux établissements, une fabrique de cuirs vernis qui occupe une trentaine d'ouvriers, et une usine pour la production de l'acide fluorhydrique, qui n'emploie que quelques ouvriers.

A mi-côte et dans le bas de Villejuif, à l'extrémité Nord de la commune, on trouve deux catégories d'établissements : d'abord, des carrières d'où l'on extrait du plâtre, des marnes et argiles, du sable et de la pierre à bâtir. Le plâtre et le gypse sont extraits d'une carrière où l'on emploie de 30 à 50 ouvriers. La production du plâtre s'est élevée au cours des cinq dernières années à 54.500 mètres cubes.

De cinq ou six autres carrières (il y a en eu jusqu'à 15 en exploitation), on tire des marnes, et d'un nombre à peu près égal d'autres, on tire des marnes et argiles et du sable. Le nombre des ouvriers varie de 15 à 50 par exploitation. Au cours des cinq dernières années, le total de l'extraction pour les marnes et argiles s'est élevé à 97.500 mètres cubes, et pour le sable, à 75.150 mètres cubes.

Enfin, antérieurement à 1894, on exploitait aussi une carrière de pierres à bâtir.

L'autre catégorie d'établissements consiste en fonderies de graisses installées pour la plupart rue de Monsivry. Les graisses traitées proviennent des cuisines, des restaurants, hôpitaux, casernes, lycées, etc. Elles sont fondues en vases clos, puis clarifiées et coulées.

Les produits obtenus sont vendus aux savonneries et les résidus aux fabricants d'engrais.

Les déchets de cette fabrication, mélangés aux eaux grasses des grands établissements parisiens, aux restes de pain et d'aliments recueillis en même temps que les graisses et à de la farine d'orge, servent à l'engraissement des porcs. Ces animaux sont achetés pour la plupart en Normandie. Les graissiers-nourrisseurs de Villejuif font leurs acquisitions spécialement à Gournay-en-Bray. Ils achètent de préférence des porcs maigres de cinq à six mois qu'ils nourrissent comme on vient de dire. Au bout de cinq mois de ce régime, les porcs sont gras. On les vend alors au marché de la Villette et ils sont le plus souvent expédiés en province, principalement dans la direction de Reims. La charcuterie de Paris n'en achète pas à cause « de la surcharge en gras ».

Il n'y a pas moins en temps ordinaire de 500 à 600 porcs dans les six ou huit fonderies qui existent à Villejuif.

On trouve en outre dans le quartier bas une mégisserie qui occupe 40 ouvriers ; une fabrique de benzine, 4 ouvriers ; une fabrique d'objets en caoutchouc, 15 ouvriers, et une fabrique d'eaux gazeuses, 7 ouvriers.

Il n'y a, à proprement parler, pas de commerce à Villejuif ; tout au plus peut-on citer quelques cultivateurs qui font le commerce en gros des grains, pailles et fourrages.

Ainsi qu'on le verra par les résultats de l'enquête décennale dont on trouvera les chiffres un peu plus loin, la plus grande partie du sol est consacrée à la culture. On y trouve quelques potagers-maraîchers, mais ce qui domine c'est la grande culture : céréales, pommes de terre, betteraves, fourrages. Les produits maraîchers sont portés chaque matin aux Halles, où ils sont mis en vente. Parmi ces produits, on cite les asperges de Villejuif qui ont une certaine renommée ; on y cultive de préférence les plantes qui exigent peu ou point d'arrosage. Il y a quelques hectares plantés en vigne ; les habitants ont pour leur vin une estime toute particulière.

Les pépinières d'arbres fruitiers et autres occupent sur le territoire de Villejuif des espaces de plus en plus considérables ; pour les raisons expliquées dans la monographie de Chevilly (v. p. 60), les pépiniéristes de Vitry tendent de plus en plus en plus à s'installer sur le plateau. C'est de l'une d'elles, dont la superficie dépasse 4.000 mètres carrés, qu'ont été tirés la plus grande partie des arbustes employés à la décoration de l'Exposition universelle de 1900.

Voici, d'après l'enquête décennale de 1892, dont les résultats ont été rectifiés en 1894, pour le département de la Seine, les superficies cultivées et les cultures qui les occupent :

TERRITOIRE			CULTURES LABOURABLES									CULTURES FOURRAGÈRES			
Agricole	Non agricole	TOTAL	Froment	Seigle	Avoine	Haricots	Pois	Pommes de terre alimentaires	Asperges	Carottes	TOTAL	Betteraves fourragères	Prairies artificielles — Diverses	Prairies artificielles — Luzernes	TOTAL
hect.	hect.	hect.	hect.	hect.	hect.	hect.	hect.	hect.	hect.	hect.	hect.	hect.	hect.	hect.	hect.
511	21	532	125	8	80	13	13	120	14	2	375	16	10	50	76
			375 hectares									76 hectares			

ARBORICULTURE			HORTICULTURE			VITICULTURE
Pépinières	Lilas à forcer	TOTAL	Pour la vente — Potagers maraîchers	Pour la famille — Parcs et plaisances	TOTAL	
hectares	hectares	hect.	hectares	hectares	hect.	hectares
15	7	22	2	31	33	5
22			33			5
60 hectares						

Le rendement moyen par hectare est de :

Froment	35	hectolitres
Avoine	62	—
Pommes de terre alimentaires	140	quintaux
Betteraves fourragères	650	—
Vigne	12	—

Établissements privés d'enseignement. — Rue d'Amont, se trouve une école congréganiste spéciale aux filles. Elle comprend 3 classes primaires élémentaires qui ont été fréquentées, au cours de l'année scolaire 1899-1900, par 48 élèves, dont 44 de 6 à 13 ans, et 4 de plus de 13 ans.

Le 2 décembre 1899, 40 élèves étaient présentes à l'école, 44 le 2 juin suivant. 3 enfants ont fréquenté une autre école au cours de l'année scolaire.

Le personnel enseignant comprend 1 institutrice et 2 adjointes.

A la même adresse se trouve une école maternelle privée congréganiste. Cette école comprend une classe maternelle qui a été fréquentée, au cours de la même année scolaire, par 39 enfants dont 10 garçons et 20 filles âgés de moins de 6 ans, au 1er janvier de l'année scolaire, et 2 garçons et 7 filles de plus de 6 ans à la même date.

Le 2 décembre 1899, 30 enfants étaient présents à l'école, et 36 le 2 juin suivant.

Cette école, ainsi que la précédente, est dirigée par 1 institutrice appartenant à la congrégation des sœurs de Saint-Joseph de Cluny.

Société de bienfaisance. — A côté du Bureau de bienfaisance, fonctionne une Société qui porte la même dénomination, et dont la fondation remonte à 44 ans. Elle a, en effet, été autorisée par arrêté du 23 juin 1857.

Elle a pour but de venir en aide au Bureau de bienfaisance, en assistant les vieillards, les infirmes et les ouvriers en chômage.

Elle leur distribue chaque semaine des bons de pain et de viande en tout temps, et des bons de chauffage l'hiver. Elle leur assure, en outre, gratuitement, les soins du médecin, ainsi que les médicaments.

Les administrateurs, au nombre de 10, se réunissent ordinairement tous les deux mois ; ils revisent à chaque séance la liste des assistés, procèdent aux radiations ou aux inscriptions, après enquête.

Les ressources de la Société proviennent des cotisations mensuelles des adhérents, des dons et d'une subvention de 200 francs que le Conseil général de la Seine vient de lui accorder.

Au 1er janvier 1901, les adhérents étaient au nombre de 156.

Pendant l'année 1900, les recettes se sont élevées à 2.161 fr. 05, provenant de :

RECETTES

Solde en caisse au 1er janvier 1900	657,05
Intérêts de fonds placés au Trésor	165 »
Cotisations	838 »
Dons divers	301 »
Subvention du Conseil général	200 »
	2.161,05

DÉPENSES

Bons de pain et de viande	1.194,60
Bons de chauffage	90,35
Médicaments	39,65
Imprimeur	67 »
Distribution du compte rendu de 1899	5 »
Renouvellement d'un titre de rente	1,10
Concierge de la mairie	5 »
Honoraires du médecin	100 »
Traitement du receveur	140 »
Solde en caisse	318,35
	1.961,05

La Société possède, en outre, un capital de 5.333 fr. 33 placés en rentes 3 %.

Asile d'aliénés. — Le département de la Seine a fait construire à Villejuif, dans la partie Sud-Ouest de la commune, un asile d'aliénés. Cet établissement occupe une superficie de 18 hectares.

Le terrain a été acquis en 1881, moyennant un prix de 615.227 fr. 15.

Les constructions commencées en 1882, sous la direction de M. Maréchal, architecte, ne furent complètement achevées qu'en 1889. Prévues d'abord pour 4.300.000 francs en chiffres ronds, elles coûtèrent 5.908.080 fr. 15, non compris les dépenses d'installation mobilière qui s'élevèrent au chiffre de 1.389.478 fr. 39, soit au total 7.297.558 fr. 54.

D'après une délibération prise par le Conseil général (6 décembre 1879), le nouvel asile ne devait pas être un asile de traitement, mais bien un asile-hospice destiné à recevoir 1.200 aliénés, affaiblis chroniques ou vieillards déments réputés incurables.

Mais, dès 1884 (1er avril), on fut amené, par suite de l'encombrement des asiles de traitement et avant l'achèvement complet des constructions, à installer à titre provisoire, dans les premiers quartiers clos, 320 lits d'aliénés femmes. C'est ainsi que l'on transforma graduellement l'hospice-asile en véritable asile de traitement, au fur et à mesure des exigences nées de l'entrée de nouvelles catégories d'aliénés des deux sexes.

En 1888, un projet d'assainissement et d'utilisation à la culture agricole des eaux vannes et matières de vidange de l'asile de Villejuif fut soumis au Conseil général, mais on recula devant la dépense qu'aurait entraîné la réalisation de ce projet, dépense qui n'aurait pas été en proportion avec le résultat à obtenir.

Le Conseil général, par une délibération du 12 mai 1881, décida d'affecter un cimetière spécial à la population de l'asile. Les terrains, d'une superficie de 2 h. 55 a. 94 c., situés au lieu dit le Pommier de bois, à l'angle de la voie de Chevilly à Bicêtre et du chemin de grande communication n° 61 de Vanves à Ivry, furent acquis en vertu d'un jugement d'expropriation du 12 avril 1883. Ils coûtèrent 80.098 francs de prix principal, non compris les intérêts et diverses indemnités d'éviction attribuées aux locataires, soit un total de 96.418 fr. 09.

L'entrée principale de l'asile, établie au rond-point situé sur le chemin de grande communication de L'Haÿ à Ivry, donne accès à une grande cour entourée, de trois côtés, par les bâtiments de l'administration.

En arrière du bâtiment principal, et dans l'axe transversal de l'asile du Midi au Nord, se trouve un vaste hall servant pour les fêtes et concerts.

Dans la même direction et successivement, on trouve les cuisines avec les bains, l'infirmerie et, enfin, un pavillon d'habitation pour les infirmières et les surveillantes de la division des femmes.

Ainsi disposés, les services généraux et communs séparent les deux divisions des hommes et des femmes, semblables et symétriques et comprenant, chacune, des pavillons d'habitation disposés deux par deux sur trois fronts parallèles et tous aménagés de la même façon.

A la suite des quartiers, en remontant au Nord, est aménagé, dans chaque division, un pavillon simple, réservé aux gâteux.

Sur toute la partie Ouest de l'établissement, du Nord au Sud, un rectangle qui n'a pas moins de 300 mètres de long sur 200 mètres de large est occupé par le potager.

Au 1er janvier 1901, les malades en traitement étaient au nombre de 1.413, dont 661 hommes et 752 femmes.

Le personnel administratif attaché à l'établissement comprend 1 directeur, 1 économe et 2 commis.

Le personnel médical se compose de 4 médecins, 2 pour la division des hommes, et 2 pour celle des femmes, 1 pharmacien en chef, 2 chirurgiens, 4 internes en médecine, 2 en pharmacie.

Le personnel secondaire comprend 6 sous-employés attachés aux services administratifs, 2 surveillants, 11 sous-surveillants et 55 infirmiers, 2 surveillantes, 11 sous-surveillantes et 60 infirmières attachés aux services médicaux.

60 autres agents hommes ou femmes sont attachés aux services généraux.

Le prix de la journée pour l'année 1901 a été fixé à 2 fr. 40.

D'après le compte de cet établissement pour l'année 1900, les dépenses se sont élevées à 1.472.147 fr. 86.

Un laboratoire de psychologie expérimentale, rattaché à l'École pratique des Hautes Études, vient d'être créé à l'asile de Villejuif, sous la direction du médecin chef de l'asile, le Dr Toulouse. Chaque mercredi, des cours y ont lieu, notamment sur les « méthodes de mesures dans l'examen psychologique » ; et les lundis et samedis, des « manipulations de psychologie expérimentale ».

Société coopérative de consommation.— Une Société coopérative de consommation à capital et personnel variables a été fondée à Villejuif le 5 septembre 1900 sous la dénomination : « *l'Union des Travailleurs de Villejuif* ». Elle a son siège social, 17, rue de la Pompe.

Le capital de fondation a été fixé à 1.500 francs divisé en 30 parts de 50 francs ; il peut s'augmenter par l'admission de nouveaux sociétaires ou par décision d'une assemblée générale.

Voici la situation de la Société au 30 juin 1901 :

Bilan du 1er octobre 1900 au 30 juin 1901

ACTIF

Dû sur apport	3.804 »	8.010,50
Espèces en caisse	380 »	
Loyer payé d'avance	250 »	
Matériel	680,25	
Marchandises en magasin	2.896,25	

PASSIF

Capital souscrit	4.700 »	8.010,50
Dû aux fournisseurs	1.613,60	
Dû à M. Molitor	210 »	
Trop-perçu	1.486,90	
Sociétaires (94), sommes versées sur part		896 »
Marchandises réparties 19.677 fr. 70.		
Trop-perçu		1.476,90
Amortissement du matériel 10 o/o		68,05
		1.418,85
Fonds de réserve 10 o/o		148,70
		1.270,15
Fonds de développement 10 o/o		148,70
A répartir aux Sociétaires		1.121,45

Soit 5 fr. 69 o/o.

Sociétés diverses. — Il existe dans la commune une société dite « l'Union athlétique de Villejuif » pour le développement des sports (40 membres payant une cotisation de 1 franc par mois), et 2 sociétés musicales : « l'Union musicale de Villejuif », fanfare qui compte 20 exécutants, et « la Lyre de la Paix », symphonie composée de 12 exécutants.

Médecins, pharmaciens, vétérinaire, sage-femme. — 2 médecins et 2 pharmaciens. Ni sage-femme ni vétérinaire.

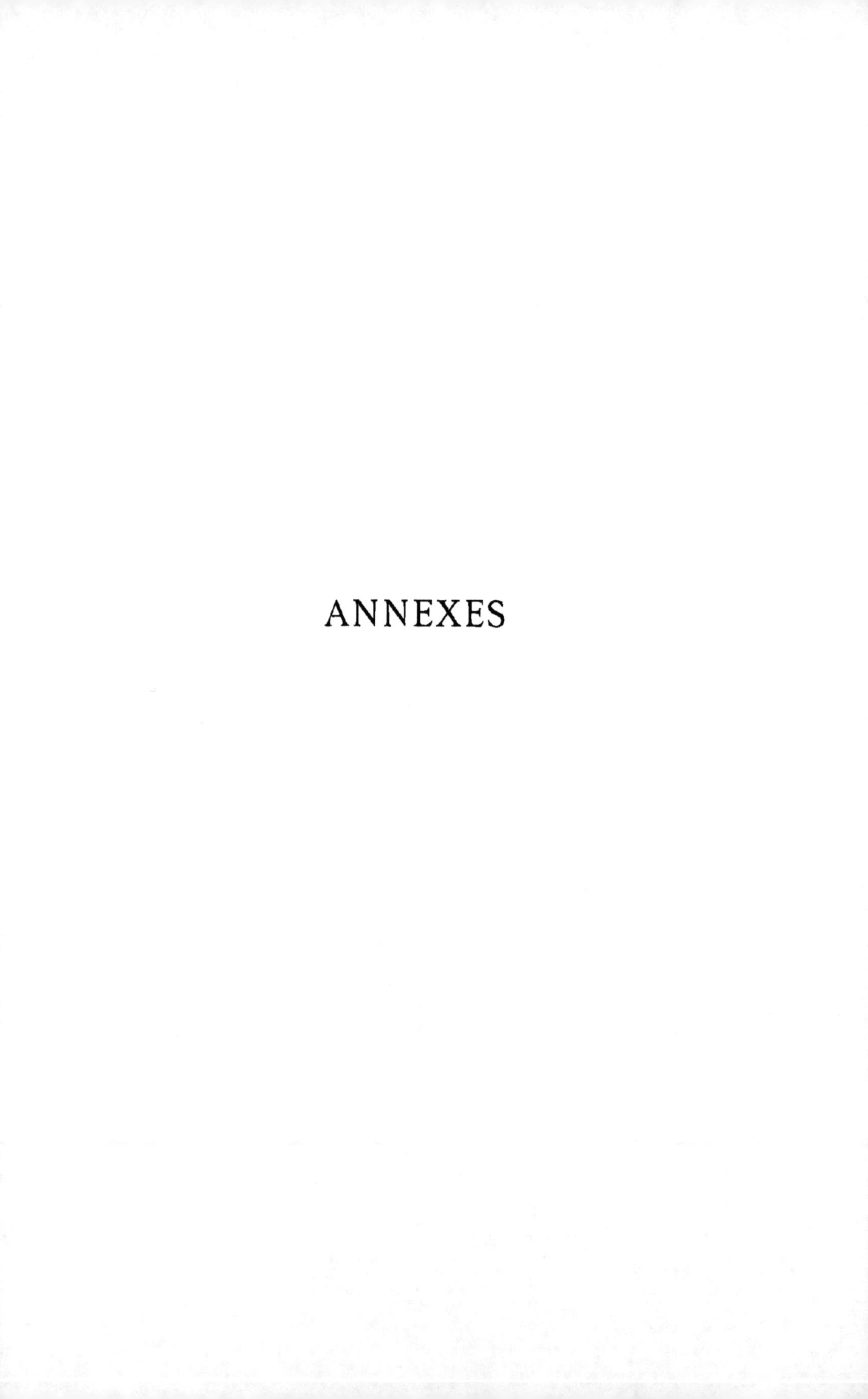

ANNEXES

CONSEIL MUNICIPAL (1900)

(Effectif légal : 23 membres)

MM. REULOS, Hyacinthe-Emmanuel, maire.

HIGONNET, Auguste-Victor, adjoint.

BRIAND, Marcel, conseiller,

BOINET, Edmond-Ernest-Eugène, conseiller.

BRIVES, Pierre, conseiller.

THIBAULT, Germain-Dominique, conseiller.

PAYS, François-Émile-Cyr, conseiller.

LORIN, Arthur-Joseph-Alphonse, conseiller.

DAUPHIN, Jean-Claude, conseiller.

LANCRENON, François-Alexandre, conseiller.

JONINON, Jean-Baptiste-Auguste-Léon, conseiller.

MM. ZÈLE, Xavier-Jules-Albert, conseiller.

HUARD, Ferdinand, conseiller.

MASSON, Louis-Marie-Joseph, conseiller.

GABILLOT, Charles-Pierre, conseiller.

SEVIN, Jean-Denis, conseiller.

SEVIN, Alphonse-Pascal, conseiller.

GRANGERÉ, Alexandre-Joseph, conseiller.

SOUTAN, Henri-Alphonse, conseiller.

SEVIN, Alexandre-François, conseiller.

DUMONT, Louis-Victor, conseiller.

X. . . . .

X. . . . .

TARIF DES CONCESSIONS

DANS

LE CIMETIÈRE

(Délibérations des 22 mai 1859 et 13 septembre 1886, arrêtés préfectoraux des 29 octobre 1859 et 26 décembre 1886)

CONCESSIONS PERPÉTUELLES

Sépultures de 2 mètres superficiels	270 fr.	»
Chaque mètre en plus	135 fr.	»

CONCESSIONS DÉCENNALES

Sépultures de 2 mètres superficiels	60 fr.	»

CAVEAU PROVISOIRE

(Délibération du 9 juin 1884)

Pour 15 jours et au-dessous.	15 fr.	»
Pour chaque jour supplémentaire à un demi-mois.	1 fr.	50

TARIF DES DROITS DUS AU FOSSOYEUR

POUR FOSSES, INHUMATIONS ET EXHUMATIONS

(Délibérations des 9 septembre 1884 et 28 février 1890)

Fosse pour adultes au-dessus de 12 ans, jusqu'à deux mètres de profondeur	6 fr. »
En contre-bas, pour chaque corps en plus	3 fr. »
Fosse pour enfants au-dessous de 12 ans	2 fr. 50
Exhumation d'un corps	5 fr. »
Chaque corps en plus	3 fr. »
Ouverture de la fosse pour réinhumation	5 fr. »
Dépôt d'un corps dans le caveau provisoire, y compris la translation de ce corps dans la concession . .	5 fr. »

TARIF DES DROITS DE VOIRIE

(Délibération du 22 février 1867, approuvée le 25 mars suivant)

§ I. — CONSTRUCTION NEUVES

Alignement pour chaque mètre de longueur de façade :

De bâtiment en maçonnerie.	3 fr. 50
De construction en pans de bois	5 fr. »
— en planches	5 fr. »
— de murs de clôture.	1 fr. »
— en palissades ou en planches	0 fr. 75
— de clôture en treillage	0 fr. 30
Exhaussement d'un bâtiment, droit fixe.	7 fr. »
— d'un mur, droit fixe	3 fr. »
Construction d'un bâtiment sur un mur de clôture par mètre de longueur de façade	2 fr. 50

§ II. — CONSTRUTIONS EN SAILLIE

1° *Saillies fixes*

Grand balcon (ayant plus de 2 mètres de façade), par mètre courant.	6 fr. »
Petit balcon pour croisée, droit fixe	1 fr. »
Perron en pierre, droit fixe.	10 fr. »
Colonne ou pilastre, droit fixe	3 fr. »
Borne isolée ou engagée, droit fixe	0 fr. 50
Bancs sur la façade des maisons, droit fixe.	2 fr. »
Auvent en bois ou en métal, au-dessus d'une boutique, droit fixe.	3 fr. »

Nota. — Les droits ne sont dus que pour la délivrance des alignements et l'établissement des saillies.

Marquise au-dessus d'une porte d'habitation, droit fixe	25 fr. »
Fermeture d'une fenêtre au moyen de barreaux ou d'une grille, droit fixe.	1 fr. »
Devanture de boutique, droit fixe	8 fr. »
Travail de maréchal, embattoir, échoppe, droit fixe.	20 fr. »
Bannes	5 fr. »
Buste formant étalage	3 fr. »
Châssis à verre sédentaire ou mobile.	3 fr. »
Cuvette ou pissotière.	1 fr. »
Décrottoir au-devant d'une construction	1 fr. »
Marche.	2 fr. »
Moulinet de boulanger	4 fr. »
Tuyau de descente pour les eaux	1 fr. »
Bouchon de cabaret ou couronne	3 fr. »

Nota. — Dans le cas du rétablissement de chacune des saillies précédemment désignées, il ne sera perçu qu'un demi-droit. Pour les colonnes ou pilastres, le droit sera dû lors même que ces objets ne seraient en saillie que d'une partie seulement de leur épaisseur.

2° *Saillies mobiles*

Porte ouvrant en dehors, droit fixe	3 fr. »
Paire de contrevents, volets ou persiennes pour croisées, droit fixe	1 fr. »
Paire de contrevents, avec développement pour devanture de boutique, droit fixe.	3 fr. »
Tableau, enseigne, lanterne, écusson, attributs, reliefs et cadran, droit fixe	5 fr. »
Potence pour globe, lanterne ou transparent, droit fixe	2 fr. »

§ III. — TRAVAUX DE RÉPARATIONS

Reconstruction partielle de la façade d'un bâtiment, y compris le bouchement des baies, au rez-de-chaussée, par mètre courant	1 fr. 70
Au-dessus du rez-de-chaussée.	5 fr. »

Nota. — Il ne pourra être compté moins d'un mètre.

Ouverture avec ou sans linteau ou poitrail dans un bâtiment déjà existant :	
D'une croisée, droit fixe	2 fr. 50
D'une porte bâtarde, d'une croisée, d'une porte de cave, droit fixe	4 fr. »
D'une porte charretière ou cochère ou d'une grille, droit fixe	6 fr. 50
D'une baie de boutique, droit fixe.	5 fr. 50
D'une baie de soupirail.	3 fr. »
Agrandissement d'une porte bâtarde, de cave, ou de croisée.	1 fr. 25
Agrandissement d'une porte cochère.	2 fr. »

§ IV. — RAVALEMENT PARTIEL OU GÉNÉRAL D'UNE MAISON

Ravalement général de la façade d'une maison . . .	6 fr. »
— partiel d'une maison, ne dépassant pas la moitié de sa surface, droit fixe.	3 fr. »
Bouchement de crevasses et petites réparations, droit fixe	1 fr. »
Soubassement en ciment ou revêtissement en dalles ou en rocailles, par mètre de longueur	1 fr. »
Soubassement d'un bâtiment avec joints en plâtre ou en ciment, par mètre de longueur	0 fr. 30
Colonne en fer ou poteau, droit fixe	4 fr. »
Peinture ou badigeon d'une maison	1 fr. »

§ V. — RAVALEMENT PARTIEL OU GÉNÉRAL D'UN MUR DE CLOTURE

Ravalement général d'un mur de clôture, droit fixe.	3 fr. »
— partiel — de plus de 5 mètres, droit fixe	1 fr. 50
Ravalement partiel d'un mur de clôture de moins de 5 mètres, ou petites réparation, droit fixe. . .	0 fr. 50
Chaperon sur toute la longueur d'un mur de clôture, droit fixe.	3 fr. »
Chaperon refait partiellement.	1 fr. 50
Peinture ou badigeon d'un mur de clôture.	1 fr. »

§ V. — DROITS DIVERS

Barrière devant les travaux, droit fixe	2 fr. »
Étai, chevalement, contrefiche	3 fr. »
Dépôt de matériaux autorisé sur la voie publique, quelle qu'en soit la nature, y compris l'emplacement de l'échafaudage, par mètre superficiel, par mois.	0 fr. 30

NOTA. — On ne pourra taxer ni compter moins de 1 mètre.

TABLE

RENSEIGNEMENTS ADMINISTRATIFS

I. TOPOGRAPHIE, DÉMOGRAPHIE ET FINANCES

§ I. *Territoire et domaine*

§ II. *Démographie*

§ III. *Finances*

II. — SERVICES PUBLICS

§ I. *Bienfaisance*

§ II. *Enseignement*

§ III. *Voirie*

§ IV. *Justice et Police*

§ V. *Cultes*

§ VI. *Services divers*

§ VII. *Personnel communal*

III. — RENSEIGNEMENTS DIVERS

ANNEXES

COMPOSÉ, IMPRIMÉ ET BROCHÉ
PAR LES PUPILLES DU DÉPARTEMENT DE LA SEINE,
ÉLÈVES DE L'ÉCOLE D'ALEMBERT
A MONTÉVRAIN

COMPARAISON

DE LA

POPULATION

ET DES

RECETTES ORDINAIRES

Relevées aux époques de Recensement

(1801 à 1896)

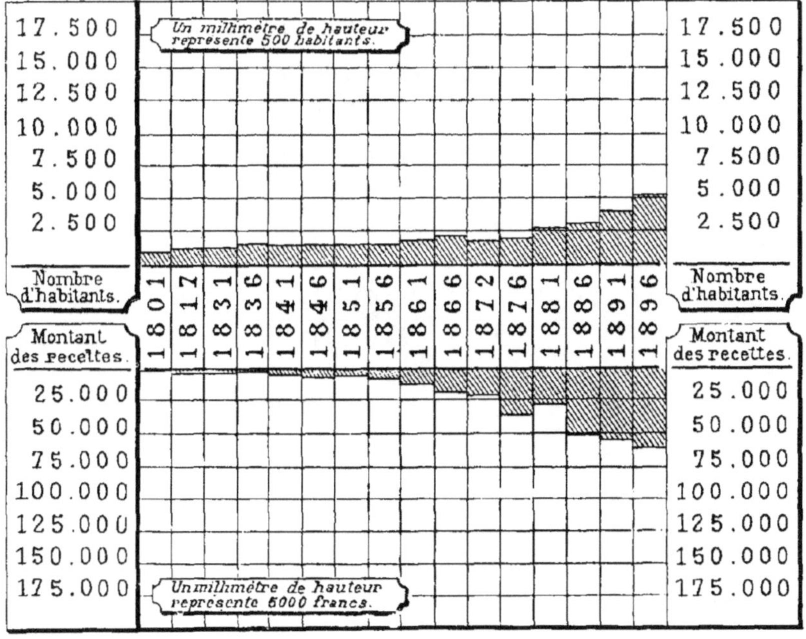

EN DÉPOT

A LA PRÉFECTURE DE LA SEINE

DIRECTION DES AFFAIRES DÉPARTEMENTALES

BUREAU DES COMMUNES

(Annexe Est de l'Hôtel de Ville)

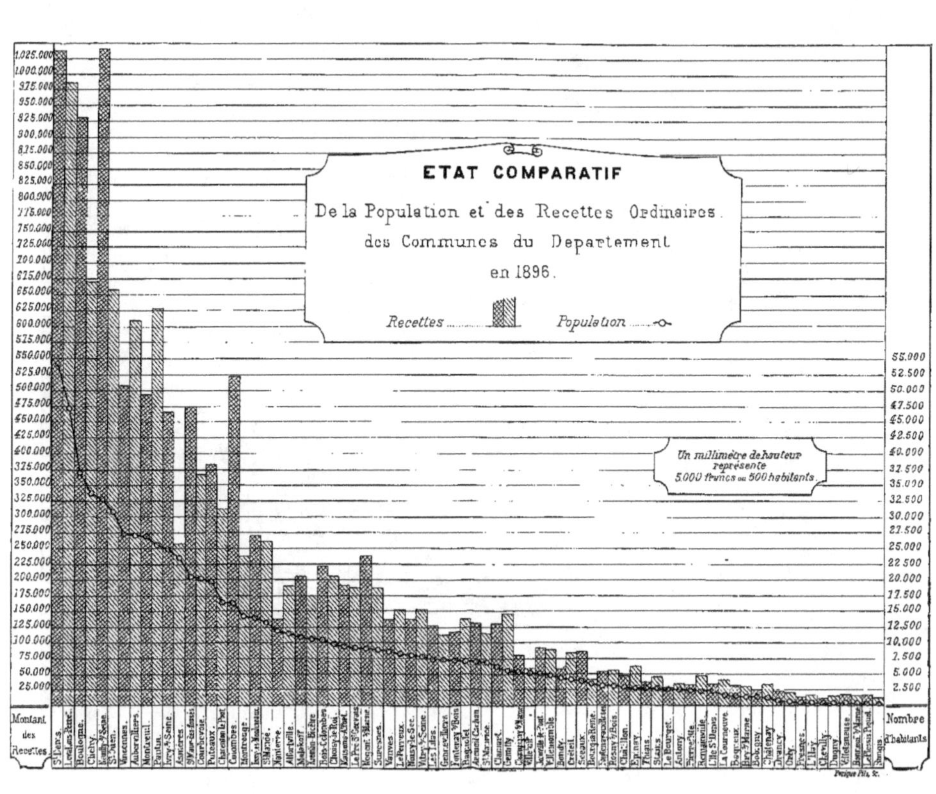
ETAT COMPARATIF
De la Population et des Recettes Ordinaires des Communes du Departement en 1896.
Recettes
Population
Un millimètre de hauteur représente 5.000 francs ou 500 habitants.
Montant des Recettes
Nombre d'habitants
1.025.000
1.000.000
975.000
950.000
925.000
900.000
875.000
850.000
825.000
800.000
775.000
750.000
725.000
700.000
675.000
650.000
625.000
600.000
575.000
550.000
525.000
500.000
475.000
450.000
425.000
400.000
375.000
350.000
325.000
300.000
275.000
250.000
225.000
200.000
175.000
150.000
125.000
100.000
75.000
50.000
25.000
55.000
52.500
50.000
47.500
45.000
42.500
40.000
37.500
35.000
32.500
30.000
27.500
25.000
22.500
20.000
17.500
15.000
12.500
10.000
7.500
5.000
2.500
St Denis.
Boulogne.
Clichy.
St Ouen.
Vincennes.
Aubervilliers.
Montreuil.
Pantin.
Ivry s/ Seine.
Asnières.
St Maur-des-Fossés
Courbevoie.
Puteaux.
Charenton le Pont
Colombes.
Montrouge.
Issy et Moulineaux
Nanterre.
Alfortville.
Malakoff
Kremlin-Bicêtre
Bois-Colombes
Choisy-le-Roi.
Le Pré St Gervais
Nogent s/ Marne
Suresnes.
Vanves.
Le Perreux.
Vitry s/ Seine.
Les Lilas.
Gentilly.
Clamart.
St Maurice.
Villejuif.
Joinville le Pont
Villemomble
Bondy.
Créteil.
Sceaux.
Bourg la Reine.
Rosny s/ Bois.
Châtillon.
Epinay.
Thiais.
Le Bourget.
Antony.
L'Ile St Denis.
La Courneuve.
Bry s/ Marne
Bobigny.
Châtenay
Drancy.
Orly.
Fresnes.
L'Hay.
Chevilly.
Dugny.
Villetaneuse.
Le Plessis Piquet
Rungis.
Perique Fils, Sc.

Monographie des Communes du Département de la Seine.

VILLEJUIF

Limites actuelles de la Commune reportées sur la Carte dite des Chasses (1764-1773)

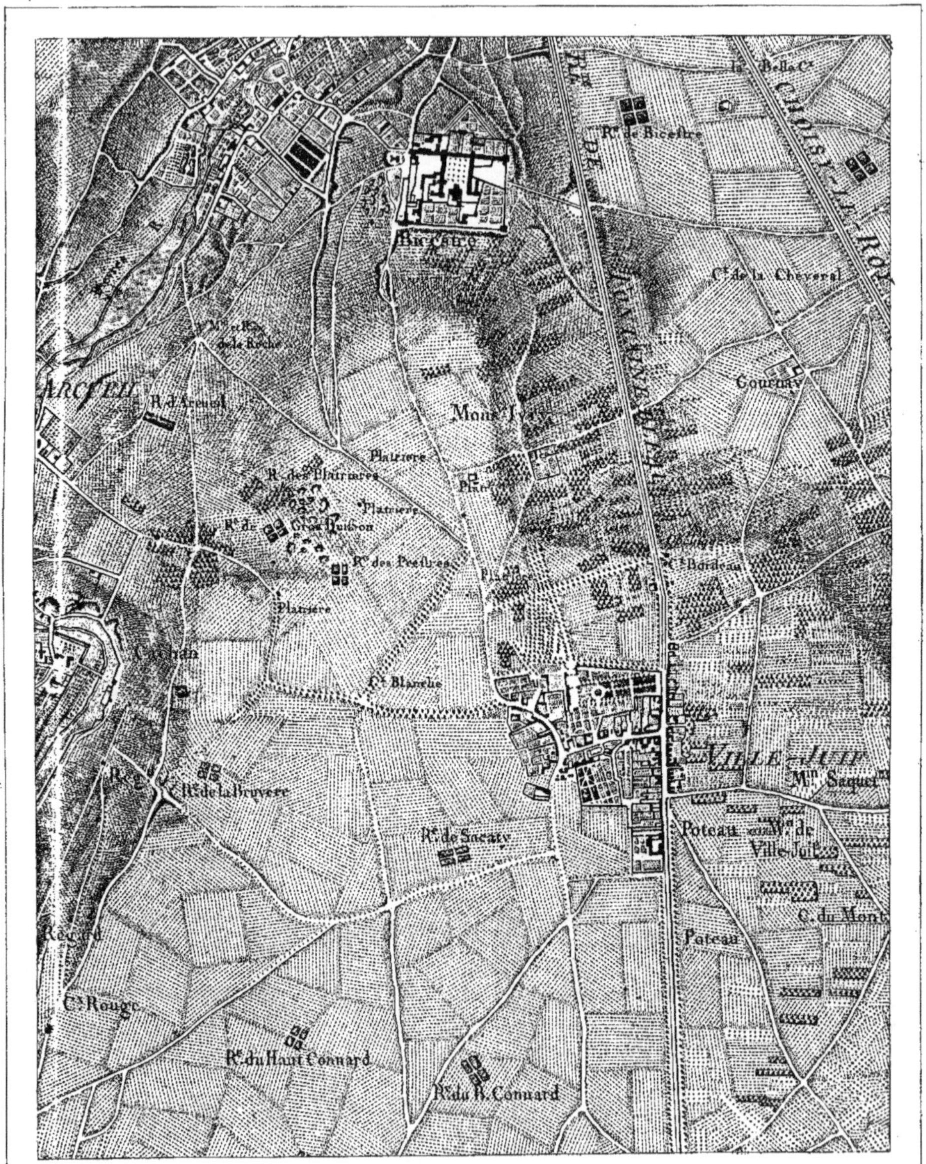

Echelle de $\frac{1}{16.000}$

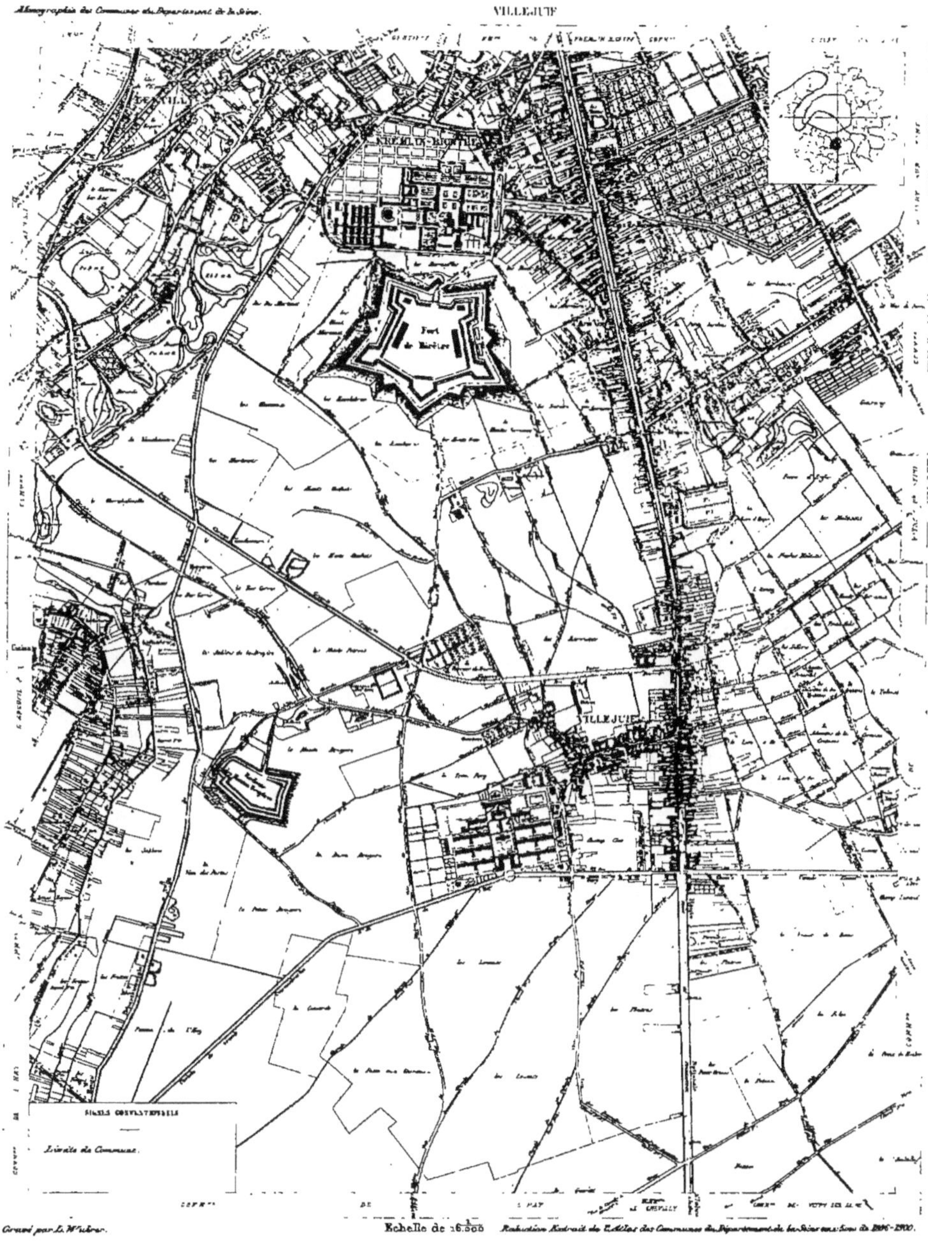
Monographie des Communes du Département de la Seine.
VILLEJUIF
KREMLIN-BICÊTRE
Fort de Bicêtre
VILLEJUIF
SIGNES CONVENTIONNELS
Limite de Commune.
Gravé par L. Wuhrer.

www.ingramcontent.com/pod-product-compliance
Lightning Source LLC
LaVergne TN
LVHW010102240826
846091LV00017B/1378